Königs Erläuterungen und Materialien
Band 420

Erläuterungen zu

Alfred Andersch

Sansibar
oder der letzte Grund

von Reiner Poppe

Über den Autor dieser Erläuterung:

Reiner Poppe: Studium der Anglistik, Romanistik und Germa-
nistik. Unterrichtstätigkeit im In- und Ausland.
Postgraduiertenstudium im Fachbereich Erziehungswissen-
schaften und „Interkulturelle Studien".
Langjährige Sonderaufgaben in der Lehrerausbildung und
-fortbildung.
Zahlreiche unterrichtsbezogene Veröffentlichungen zur amerikanischen, englischen und deutschen Literatur.

Hinweis:
Die Rechtschreibung wurde der amtlichen Neuregelung
angepasst. Zitate von Bertolt Brecht müssen auf Grund
eines Einspruches in der alten Rechtschreibung beibe-
halten werden.

1. Auflage 2004
ISBN 3-8044-1802-3
© 2004 by C. Bange Verlag, 96142 Hollfeld
Alle Rechte vorbehalten!
Titelabbildung: Alfred Andersch
Druck und Weiterverarbeitung: Tiskárna Akcent, Vimperk

Vorwort

Alfred Anderschs Roman *Sansibar oder der letzte Grund* erschien vor 47 Jahren, als die erste Phase der „Bewältigungsliteratur" nach der Katastrophe des Zweiten Weltkrieges mit dem Untergang und der Wiederauferstehung Deutschlands gerade abgeschlossen war.[1] Im Kern hatte Andersch für sich als Schriftsteller nur eine Aufgabe gesehen: das Trauma des Hitler-Faschismus ‚wegzuschreiben'. Zur Bewältigung dieser Vergangenheit hatte er schon zwischen 1948 und 1957 mit mutigen, kritischen und innovativen Arbeiten seinen künstlerisch-politischen Beitrag geleistet, vor allem mit dem rückhaltlos offenen Roman *Die Kirschen der Freiheit* (⇒ **1.3**), aber auch mit programmatischen Schriften, Essays und Hörspielen, Erzählungen und Rundfunkfeatures. Mit dem *Sansibar*-Roman wollte er seinen künstlerischen Standort neu und schärfer definieren. Das ist ihm gelungen. Heute gilt der Roman als das menschliche und künstlerische Credo Alfred Anderschs (⇒ **1.2; 1.3**).

Was geschieht im Roman?

> „*Rerik, ein Ostseehafen im Bereich des heutigen Wismar, wird im Jahr 1937 zum Zentrum einer Widerstandsaktion gegen die Nazis, an der sich, z. T. wider Willen, z. T. ohne ihr Wissen, fünf Personen beteiligen. In Sicherheit gebracht werden in einem gefährlichen Fluchtunternehmen nach Schweden die als ‚entartete Kunst' verfemte Barlach-Figur des ‚Lesenden Klosterschülers' und die Jüdin Judith. In 37 Abschnitten (...) werden die Protagonisten (...) in wechselnden Konstellationen einzeln*

---

1 Vgl. dazu u. a. Heinz Ludwig Arnold: *Die westdeutsche Literatur 1945–1990. Ein kritischer Überblick*. München 1995, S. 32–56

> *miteinander in Verbindung gebracht, bis zu dem Höhepunkt, wo sie durch den Initiator der Aktion, Gregor, geradezu gewaltsam zusammengeführt werden. Dank der selbstlosen Planung des KP-Funktionärs Gregor gelingt die Rettung des bedrohten Kunstwerks und der nicht minder bedrohten Jüdin.* [2]

In unseren Ausführungen versuchen wir dem (jugendlichen) Leser Hilfen zu geben, sich in den Roman und das außertextliche Umfeld einzulesen. Wir führen deshalb in diesem Erläuterungsband einzelne Schwerpunkte so ausführlich wie nötig, keineswegs aber extensiv aus. Dabei wird zunächst das zum Verständnis des Autors Erforderliche in den einleitenden Kapiteln knapp vorgetragen (⇒ **1.1–1.3**). Hier geht es vornehmlich um Anderschs innere Auseinandersetzung mit dem Nationalsozialismus. Wichtig für Anderschs Positionsbestimmung als moderner Erzähler ist auch seine Auseinandersetzung mit dem französischen „nouveau roman", auf den er in einem Interview mit Horst Bienek einging. Schließlich ist Anderschs politisch-ästhetische Haltung nicht zu trennen von seiner religiös-philosophischen. Sie wird zeigen, dass es töricht wäre, ihm bei aller Skepsis Nihilismus oder gar Anarchismus vorzuwerfen. Diese Aspekte greifen wir im Interpretationszusammenhang (⇒ **2.1**; **2.4** und **2.7**), später noch einmal in den ergänzenden Materialien (⇒ **5.**) schwerpunktmäßig auf.

Im Sinne einer wirklichen Verstehenshilfe möchten wird das Interesse des Lesers auch auf Anderschs Kunst der Figurenführung und auf die raffinierte Verknüpfung der Handlungsstränge in diesem Roman lenken. (⇒ **2.2.**; **2.3**) Der Autor hat sich dabei verschiedener Elemente des Dramas bedient. So ist es nicht verwunderlich, dass der Roman bereits 1961 von Leopold Ahlsen im Süddeutschen Rundfunk für einen Fernsehfilm bearbeitet worden ist. (⇒ **4.**)

---

2 zitiert aus *Reclams Roman-Lexikon*, Stuttgart 2000, S. 26

Sansibar oder der letzte Grund ist auch im Unterricht einer der am meisten gelesenen modernen Romane. Demzufolge fehlt es nicht an didaktisch-methodischen Planungshilfen. Da unser Erläuterungsband sich in erster Linie an Schülerinnen und Schüler wendet, verzichten wir auf die Entfaltung von Stundenreihen zu diesem Roman. Stattdessen legen wir eine Reihe differenzierter, die Romanlektüre vertiefender Themen und Aufgaben vor. Sie sind ausschließlich an Verfahren des „produktiven Umgangs mit Texten" orientiert, die sich gerade für diesen Roman hervorragend eignen. (⇒ **3.**)

Unsere Literaturhinweise bleiben auf erreichbare Titel beschränkt. (⇒ **Literatur**) Dabei ist es aber durchaus unsere Absicht, die (jugendlichen) Leserinnen und Leser mit Sekundärliteratur bekannt zu machen, die über die eng auf den Roman bezogene hinausführt. Auf bewährte Darstellungen der Autoren Haffmanns, Hamburger, Hinderer, Jendricke, Pischdovdijan wollten wir nicht verzichten. Zur Einführung in den Gedanken- und Werkkosmos Anderschs sei auf den Band in der Reclam-Reihe „Literaturwissen" (RUB 15219) von Reiner Poppe besonders hingewiesen.

Wir wünschen uns aufmerksame Leserinnen und Leser. Über kritische Anregungen freuen wir uns, und wir ermutigen dazu. Eigenständiges Lesen ist widerständiges Lesen. Wohl sollte dabei berücksichtigt werden, dass ein Erläuterungsband, der „gebrauchsorientiert" verfasst ist und demzufolge in seinem Umfang begrenzt bleiben muss, an vielen Stellen nur andeuten kann, was gut und gern breiter auszuführen wäre. Dennoch: viel Vergnügen und Erfolg beim Lernen.

Reiner Poppe

1. Alfred Andersch: Leben und Werk

1.1 Biografie

Jahr	Ort	Ereignis	Alter
1914	München	Alfred Andersch wird am 4. Februar geboren.	
1920–28		Schulbesuch in München, verlässt nach der Untertertia das Wittelsbacher Gymnasium, das er ab 1924 besucht hat.	6–14
1928–30		Buchhandelslehre in München.	14–16
1931–33		Arbeitslos, tritt in den Kommunistischen Jugendverband (KJV) ein, ab 1932 dessen Organisationsleiter für Südbayern.	17–19
1933	Dachau	27. Februar; Reichstagsbrand. Andersch wird verhaftet, ins KZ Dachau gebracht, im Mai entlassen, im Herbst wieder verhaftet. Nach der Entlassung unter Aufsicht der Gestapo (Geheime Staatspolizei).	19
1933–40	München/ Hamburg	Büroangestellter in München und Hamburg.	19–26
1940	Siegen	Zu einer Pioniereinheit in Siegen eingezogen, danach als Besatzungssoldat in Frankreich.	26
1941	Frankfurt a. M.	Aus der Wehrmacht entlassen, Büroangestellter in Frankfurt a. M.	27

Jahr	Ort	Ereignis	Alter
1943		Wieder eingezogen.	29
1944	Italien	Desertiert am 6. Juni an der italienischen Front.	30
1945		In amerikanischer Gefangenschaft.	31
1946	München	Als Redaktionsassistent Erich Kästners bei der *Neuen Zeitung*.	32
1946–47		Gibt mit Hans Werner Richter die Zeitschrift *Der Ruf* heraus. Diese wird nach 16 Nummern von der amerikanischen Militärregierung in Bayern verboten.	32–33
1947		Teilnahme an der ersten Tagung der „Gruppe 47".[3]	33
1948		Veröffentlichung: *Deutsche Literatur in der Entscheidung. Ein Beitrag zur Analyse der literarischen Situation.*	34
1948–50	Frankfurt	Gründet und leitet das „Abendstudio" des Frankfurter Senders.	34–36
1951		Niederschrift des autobiografischen Berichts *Die Kirschen der Freiheit*.	37
1952		Veröffentlichung des Berichts.	38

---

3   Als „Gruppe 47" wurde die von Hans Werner Richter im Jahre 1947 ins Leben gerufene Schriftsteller-Vereinigung bezeichnet, ein Forum, in dem sich überwiegend junge deutsche Autoren kritisch zur zeitgenössischen Literatur äußerten. – Vgl. Hans Werner Richter: *Im Etablissement der Schmetterlinge*, München 1993

Jahr	Ort	Ereignis	Alter
1951–53		Leiter der gemeinsamen Feature-Redaktion der Sender Hamburg und Frankfurt. Gibt die Buchreihe *studio Frankfurt* heraus.	37–39
1955		Beginn der Niederschrift des Romans *Sansibar oder der letzte Grund*.	41
1955–58	Stuttgart	Gründet und leitet die Redaktion „radio essay" des Senders Stuttgart.	41–44
1955–57		Gibt die literarische Zeitschrift *Texte und Zeichen* heraus, von der 16 Hefte erscheinen.	41–43
1957		Es erscheinen die Bücher *Sansibar oder der letzte Grund* und *Piazza San Gaetano. Neapolitanische Suite*. Beginn der Niederschrift des Romans *Die Rote*.	43
1958	Schweiz	Alfred Andersch gibt seinen bisherigen Beruf auf und legt alle Ämter nieder. Übersiedlung in die Schweiz nach Berzona (Val Onsernone) im Tessin. Lebt fortan als freier Schriftsteller. Deutscher Kritikerpreis *für Sansibar oder der letzte Grund*. Veröffentlichungen: *Geister und Leute* (Erzählungen); *Fahrerflucht* (Hörspiel).	44

Jahr	Ort	Ereignis	Alter
1960		Veröffentlichung *Die Rote* (Roman).	46
1961		Fernsehfilm *Sansibar oder der letzte Grund* des Süddeutschen Rundfunks Stuttgart, Drehbuch: Leopold Ahlsen.	47
1962		Verfilmung des Romans *Die Rote* durch Helmut Käutner; Veröffentlichung: *Wanderungen im Norden, Reisebericht.*	48
1963		Veröffentlichung: *Ein Liebhaber des Halbschattens* (Drei Erzählungen); Beginn der Niederschrift des Romans *Efraim.*	49
1965	Spitzbergen	Leiter einer Filmexpedition des Deutschen Fernsehens nach Spitzbergen und in die Arktis; Veröffentlichungen: *Fahrerflucht*[4], *Die Blindheit des Kunstwerks und andere Aufsätze.*	51
1966		Veröffentlichung: *Aus einem römischen Winter* (Reisebilder).	52
1967		Veröffentlichung: *Efraim.*	53
1968		Die Stadt Dortmund verleiht Andersch den Nelly-Sachs-Preis für das Gesamtwerk; Prix Charles Veillon für *Efraim.*	54

---

4   Das Hörspiel *Fahrerflucht* zählt zu den bekanntesten Werken Alfred Anderschs.

Jahr	Ort	Ereignis	Alter
1969		Veröffentlichung: *Hohe Breitengrade oder Nachrichten von der Grenze* (Reisebericht).	55
1970		Veröffentlichung: *Töchter*, Erzählung, Zweite Auflage: *Wanderungen im Norden*.	56
1971		Veröffentlichungen: *Mein Verschwinden in Providence* (Neun neue Erzählungen), *Gesammelte Erzählungen, Wie trivial ist der Trivialroman?* Beginn der Arbeit am Roman *Winterspelt*.	57
1972	Mexiko	Alfred Andersch reist nach Mexiko; erhält die Schweizer Staatsbürgerschaft. Veröffentlichungen: *Die Rote*. Roman, neue Fassung, *Norden Süden rechts und links. Von Reisen und Büchern, 1961–1971*.	58
1973		Veröffentlichungen: *Alte Peripherie. Ausgewählte Erzählungen, Hörspiele* (Neuauflage von *Fahrerflucht*; vier neue Hörspiele).	59
1974		Veröffentlichung: *Winterspelt*.	60
1978		Verfilmung von *Winterspelt* unter der Regie von Eberhard Fechner.	64
1979		Veröffentlichungen: *Studienausgabe* in 15 Bänden anlässlich seines 65. Geburtstages, *Die Blindheit des Kunstwerks*.	65

Jahr	Ort	Ereignis	Alter
1980		In der Nacht vom 20. auf den 21. Februar stirbt Alfred Andersch, schwer leidend in den letzten Jahren seines Lebens, an Nierenversagen. Posthume Veröffentlichung im Herbst: *Der Vater eines Mörders,* autobiografische Erzählung.	66

1.2   Zeitgeschichtlicher Hintergrund

Anderschs Roman spielt im Jahr 1937, ein Jahr nach den Olympischen Spielen in Berlin, bei denen sich das Nazi-Deutschland der Welt pomphaft präsentiert hatte. Der Nationalsozialismus ist auf dem Weg, sich Europa zu unterwerfen. Hitler feiert im eigenen Land verbrecherische Triumphe, und die Welt schaut zu:

1933	Einsetzende „Gleichschaltung"[5] durch den Nationalsozialismus. Erste Auswanderungswelle von Intellektuellen, primär solcher jüdischer Herkunft.
1934	NS-Einheitsstaat faktisch und ‚rechtlich' abgesichert. Der Druck gegen die Juden in Deutschland verstärkt sich.
1935	Kampf der Nazis gegen Klöster und Kirchen beginnt. Die „Nürnberger Gesetze" als erster Gipfelpunkt der anti-semitischen Hetze.
1937	Die Konzentrationslager (KZ) füllen sich mehr und mehr mit Juden, Kommunisten, Sintis, Homosexuellen und Abweichlern von der politischen Linie der Nazis. Spanischer Bürgerkrieg, an dem Nazi-Deutschland sich an die Seite General Francos gegen die Republikaner (Formationen der Linken) stellt, die von vielen kommunistischen Ländern der Welt unterstützt werden.

---

5   Unter diesem Begriff verstand man die Ausrichtung aller Einrichtungen des öffentlichen Lebens nach dem Führerprinzip, d. h. die absolute Unterwerfung des Denkens und Handelns unter die Staatsideologie. Sichtbarer äußerer Rahmen waren entsprechende Organisationen (Hitler-Jugend, Bund deutscher Mädel etc.), in die die Menschen eingegliedert wurden.

Unterdessen rüstet man zum großen Krieg, der unvermeidbar scheint. In hektisch geschlossenen Sicherheitsbündnissen suchen die sich bedrängt fühlenden Staaten die eigene Position zu stärken, Zeit zu gewinnen. Doch die Zeit arbeitet für Hitler, und für ihn ist der Krieg beschlossene Sache. Sein Ruf nach dem „Lebensraum im Osten" wird immer fordernder. Hitler sieht in Russland („Bolschewismus") den größten äußeren Feind; der größte innere Feind sind für ihn die Juden, zunehmend auch in anderen Ländern Europas (Balkan-Staaten, Niederlande, Polen, Tschechoslowakei), die nun zum auffälligsten Ziel hemmungsloser Vernichtung werden.

Alfred Anderschs Roman führt an einem unbedeutenden Ort in wenigen Entscheidungsmomenten unterschiedliche Menschen zusammen (Kommunisten, Pfarrer, jüdisches Mädchen), die trotz aller Unterschiede eine gemeinsame Aufgabe aneinander bindet, die Rettung eines Kunstobjektes und eines verfolgten Menschen vor dem Zugriff der „Anderen", der Nazis. Der Ort ist nur insoweit objektiv bedeutsam, als von dort aus auf dem Wasserweg die Rettung vollzogen werden kann. –

Roman gegen das Vergessen

Was vor dem angedeuteten zeitgeschichtlichen Hintergrund an Romanhandlung entwickelt wurde, hatte für den Andersch des Jahres 1957 einen ganz aktuellen Bezug. Zehn Jahre nach der bedingungslosen Kapitulation Nazi-Deutschlands (8. Mai 1945) hatte sich die Bundesrepublik Deutschland in der westlichen Staatengemeinschaft wieder etabliert. Mit (der damals heftig umstrittenen) Einrichtung einer Bundeswehr (1955) wollte die Bundesregierung ihre Loyalität und Bündnisverpflichtungen gegenüber den Westmächten, besonders gegenüber den USA, unter Beweis stellen. Der damalige Verteidigungsminister Franz-Josef Strauß forderte sogar die Atombewaffnung. Heftigste Diskussionen und Proteste entbrannten. Atomwaffengegner wurden pauschal als „Kommunisten" eingestuft, wobei im politischen Spektrum der Protestler tatsächlich auch marxistische Ideologen und politisch links stehende Sympathisanten mitwirkten. Mit dem Verbot der Kommunistischen Partei (1956) zeigten sich in der Adenauer-Politik Ängste und Schwächen vergleichbar jenen MacCarthy-Hysterien[6] in den USA, aber es wurde auch ein Trend zu einem politisch rechts gerichteten Rigorismus deutlich, der Männer wie Alfred Andersch zutiefst erschreckte, ja verbitterte. Sich als Schriftsteller politisch zu äußern, wurde ihm (und anderen) schwer gemacht; mundtot machen lassen wollte er sich nicht. (⇒ **2.1**) Die Aussichten, durch Literatur politisch direkt zu wirken, waren auf ein Minimum geschrumpft. Das wurde Alfred Andersch nicht erst klar, als sein Hörspiel *In der Nacht der Giraffe* (1958) von offizieller Seite im Hörfunk abgeblockt wurde.[7] Er musste sein Literaturkonzept ändern. Der Roman *Sansibar oder der letzte Grund* steht für die neue Sicht des Autors: „Statt desillusionierender Tageskritik hat Andersch mit *Sansibar* dem ‚politischen Moment' eine epische Form' gegeben."[8]

---

6   In der Mitte der fünfziger Jahre erreichte die Kommunisten-Verfolgung in den USA unter Senator McCarthy (1909–1957) ihren Höhepunkt. Mit sehr umstrittenen Begründungen und Methoden wurden alle, die „unamerikanischer Umtriebe" verdächtig waren, von den amerikanischen Behörden scharf überwacht, verhört und verurteilt. – Es grenzt ans Unbegreifliche, dass im Zuge dieser Maßnahmen u. a. dem amerikanischen Schriftsteller Arthur Miller (*1915) im Jahre 1954 die Ausreise nach Europa verweigert wurde.

7   Das Hörspiel wurde abgewiesen, weil Andersch darin kritisch zu der Rolle des damaligen französischen Staatspräsidenten de Gaulle in der Algerien-Frage Stellung bezog. – Vgl. Reiner Poppe: *Literaturwissen Alfred Andersch*, Stuttgart 1999, S. 64–70

8   Vgl. Kurt Sollmann: *Sansibar oder der letzte Grund (Grundlagen und Gedanken zum Verständnis erzählender Literatur)*, Frankfurt a. M. 1994, S. 30

1.3 Angaben und Erläuterungen zu wesentlichen Werken

Alfred Anderschs vielseitiges Werk umfasst Erzählungen, Romane, Hörspiele, Gedichte, Essays, Rundfunkfeatures und Reisebeschreibungen. Er selbst empfand sich als Erzähler, der für sprach-ästhetische Experimente und Neuerungen aufgeschlossen war, aber die Literatursprache nicht revolutionieren wollte. (⇒ **2.7; 5.**) Erst mit ca. 40 Jahren hatte er mit seinem ersten Roman *Die Kirschen der Freiheit* als ‚erzählender' Autor Erfolg. Es blieben ihm noch gut 20 Jahre, um sein literarisches Lebenswerk, das mit anfangs weit gehend unbeachteten Erzählungen begonnen hatte, noch mit weiteren bedeutenden Veröffentlichungen abzurunden. Neben dem oben erwähnten ersten Roman gehe ich in diesem Teilkapitel nur auf einzelne seiner anderen bekanntesten Titel ein, um die Analyse und Interpretation des Romans *Sansibar oder der letzte Grund* in einen Zusammenhang zu stellen: auf das Hörspiel *Fahrerflucht*, auf den Reisebericht *Hohe Breitengrade*, den Roman *Winterspelt* und auf die Erzählung *Der Vater eines Mörders*.[9]

> ein vielseitiges und vielschichtiges Werk

Zwei auffällige Merkmale kennzeichnen das künstlerische Schaffen Alfred Anderschs: die autobiografische Rückbesinnung und Aufarbeitung der eigenen geschichtlichen Vergangenheit sowie ein ausgeprägtes Engagement für die Werte von Humanität und Demokratie. Auch in den genannten Werken spiegeln sie sich deutlich wider.

‚Der Fluchtbericht' *Die Kirschen der Freiheit* (1952) ist Anderschs persönliche Abrechnung mit dem Nationalsozialismus, gleichzeitig sein Aufruf, sich gemeinsam der Verantwor-

---

9 Ausführlicher nachzulesen in Reiner Poppe: *Literaturwissen Alfred Andersch*, Stuttgart 1999

tung für das zwischen 1933 und 1945 in Deutschland Zugelassene und Geschehene zu stellen. Höhepunkt des Romans ist der Augenblick der von Andersch geschilderten eigenen Flucht in die amerikanische Gefangenschaft während eines Einsatzes in Italien. Es war keine Flucht aus Feigheit vor dem Feind; es war eine Flucht, die durch eine einzige Entscheidung motiviert war: sich die Freiheit zurückzugeben und damit die kleine Hoffnung zu erhalten, sein Leben für die Kunst retten zu können. Andersch wollte Zeugnis ablegen – beschreibend, nicht verurteilend.

Dasselbe kann für das Hörspiel *Fahrerflucht* (1958) ausgesagt werden. Es ist Anderschs bekanntestes Werk dieser Gattung, vielleicht weil es sehr konventionell angelegt ist. Das Geschehen: Ein Generaldirektor, der von Familie und Beruf Abstand gewinnen möchte, erfasst mit seinem Auto eine Radfahrerin und verletzt sie tödlich. Die Getötete, ein junges Mädchen, war gerade auf dem Weg zu einer Reitstunde. Am Tage vor dem Unfall hat das Mädchen einen amerikanischen Besatzungssoldaten kennen gelernt, der es auf den Gedanken gebracht hatte, Reitstunden zu nehmen. Am Fahrzeug des Managers sind Unfallspuren zu erkennen. Er gibt einem Tankwart 100 DM, damit dieser gegenüber dem Polizisten, der kurz darauf an der Tankstelle erscheint und Fragen stellt, schweigt. Die drei Hauptpersonen reflektieren das Ereignis. Die Reflexionen erfolgen nach dem Verkehrsunfall mit Rückblenden auf die Vergangenheit und Ausblicken auf die Zukunft. Die Überlegungen des Mädchens, in der Nacht vor ihrem Unfalltod, sind ebenfalls Rückblenden und zukunftsgerichtete Wunschvorstellungen. Die Abschnitte werden durch einen „Ansager" eingeleitet, „Einzelsprecher" verdeutlichen die Situationen. – Anderschs Zeitkritik ist offenkundig. Wie weit sind Moral und Gewissen in der Bundesrepublik Deutschland, zehn Jahre nach dem Kriegsende, schon wieder verkommen, dass die Wahrheit mit einem 100-DM-Schein zugedeckt werden kann? Alfred Andersch ist als aufmerksamer Reisender zeitlebens viel unterwegs gewesen. (⇒ **1.1**) Er suchte stets, hinter die Kulissen zu sehen. Seine Reiseberichte, niedergelegt in zahlreichen Sammelbänden und Einzelveröffentlichungen, sind deshalb auch keine der üblichen ‚Wirklichkeitsabbildungen‘. In ihnen setzt sich Andersch immer wieder mit historischen Stätten, den Schönheiten der Naturschöpfungen auseinander, immer wieder auch mit seiner eigenen Rolle als Schriftsteller. Wie kann Unsagbares noch künstlerisch adäquat ausgedrückt werden, wie kann das noch Sprache werden, für das es keine Worte mehr gibt? Als herausragende Beispiele für diese „permanenten künstlerischen Grenzerfahrungen"[10] Anderschs gelten *Wanderungen im Norden* (1962) und *Hohe Breitengrade* (1969), zwei Reiseberichte von seinen großen Nordlandtouren der Jahre 1953 und 1965.

Mit *Winterspelt* (1974) gelang Andersch ein ungewöhnlicher Roman, der enthusiastisch gefeiert und ebenso leidenschaftlich ‚zerrissen‘ worden ist. Es handelt sich um ein mehrschichtiges, komplex angelegtes Buch, das als eine Art Denkspiel einen geschichtlichen Augenblick aus der Ardennen- Offensive gegen Ende des Zweiten Weltkrieges (Winter 1944/45) aufgreift: Ein deutscher Major möchte sich und seine Leute, die sich auf der einen Seite des Flüsschens Our (Belgien) in der Nähe des Eifel-Dorfes Winterspelt verschanzt haben, kampflos den Amerikanern ergeben, die ihnen am anderen Flussufer gegenüber liegen. Die Amerikaner gehen nicht darauf ein. Was wäre gewesen, so fragt Andersch, wenn sie es getan hätten, was wäre gewesen, wenn in Deutschland viel früher Bereitschaft vorhanden gewesen wäre, Führerbefehle nicht zu

---

10 ebd., S. 80

befolgen und dadurch Hunderttausende von Menschenleben zu retten? Neben dem deutschen Major werden noch fünf andere Menschen von Andersch in diesem Gedankenspiel aufeinander bezogen: vier Deutsche und der Gegenspieler des deutschen Majors, ein amerikanischer Captain. Andersch folgt den Lebensspuren der sechs Menschen, verbindet ihre fiktiven Lebensgeschichten. Dem Roman liegt eine tatsächliche Begebenheit zu Grunde, nämlich der gescheiterte Versuch der kampflosen Übergabe der Stadt Aachen durch den deutschen Stadtkommandanten, den Grafen Schwerin. – Dieser Roman, der zweifellos eines der künstlerisch eindrucksvollsten Beispiele der jüngeren Nachkriegsliteratur darstellt, zeigt Andersch auf dem Höhepunkt seiner gereiften politisch-ästhetischen Ausdruckskraft. *Winterspelt* war sein letzter Roman, aber noch nicht sein am schärfsten formulierter Appell an die Deutschen, mehr Ehrlichkeit im Umgang mit der eigenen Geschichte zu beweisen und endlich mehr politische Verantwortung für die Vergangenheit zu übernehmen.

autobiografischer Hintergrund und gesellschaftspolitisches Engagement

Erst in seiner letzten großen Erzählung, in *Der Vater eines Mörders* (1980), bilanzierte Andersch noch ganz eindringlich seine eigenen Erfahrungen mit und seinen engagierten Widerstand gegen den Faschismus. Er schrieb diese Erzählung kurz vor seinem Tode. Es handelt sich um eine Schulgeschichte, in der er auch weit in die eigene Biografie zurückgriff, und so gibt sich diese Erzählung auf eine kaum verhüllte Weise autobiografisch. In ihr beschwor Andersch lebendig Szenen aus seinem Münchener Elternhaus herauf, die Träume und Sehnsüchte seiner Kindheit, vor allem seine Leidensjahre am Wittelsbacher Gymnasium in München. Dort herrscht, davon erzählt er in der Geschichte, unnachsichtig, streng und mit einem bösen Zynismus

der „Rex" Gebhard Himmler, der Vater des späteren Reich-
führers der SS, Heinrich Himmler (1900–1945). Gebhard
Himmler, der Vater eines Mörders, urteilt in Anderschs Erzählung eiskalt in einer wie ein Verhör ablaufenden
Griechischstunde nacheinander mehrere Schüler ab, darunter
auch Franz Kien (das ist Alfred Andersch).[11] Der Junge wider-
setzt sich zwar der vom „Rex" kühl inszenierten Unterwer-
fungsstrategie; doch er hat keine Chance und wird der Schule
verwiesen.

Voller Entsetzen hatte Andersch ab Mitte der 70er Jahre den
beschleunigten Niedergang der Demokratie wahrgenommen,
deren Ursachen er in der schwindenden Moral der Politik und
in der ichbezogenen Selbstzufriedenheit der Menschen sah.
Ganz deutlich stand ein neuer Totalitarismus vor seinen Augen, dem die Menschen sich blind überließen, so blind wie
seinerzeit, als niemand wahrnahm, wer sich hinter dem hoch
angesehenen Direktor des namhaften Münchener Gymnasi-
ums wirklich verbarg. Aber es ging Andersch nicht um ein
Porträt dieses Mannes. Seine Schulstunde exemplifiziert als
Lehrstunde die Gefahr, die jeder Demokratie droht, wenn sie
jenen unkritisch das Feld überlässt, die zwar humanistische
Bildung erworben haben, aber nichts von ihrem eigentlichen
Ethos.

---

11 *Der Vater eines Mörders* ist die letzte der insgesamt sechs *Walter-Kien*-Geschichten; die übrigen
sind *Brüder*, *Festschrift für Captain Fleischer*, *Die Inseln im Winde*, *Alte Peripherie* und *Lin aus
den Baracken*. Immer ist Franz Kien das ‚alter ego' des jungen Alfred Andersch.

2. Textanalyse und -interpretation

2.1 Entstehung und Quellen

Der Roman *Sansibar oder der letzte Grund* entstand in einer Phase sowohl hoch schöpferischer Anspannung als auch existenzieller Krisen seines Autors. Der Kritikerlärm um *Die Kirschen der Freiheit* hatte sich gelegt. Andersch hatte mit einer Reihe weiterer Arbeiten auf sich aufmerksam gemacht: mit den Essays *Die Blindheit des Kunstwerks* (1956) und *Der Rauch von Budapest* (1956), mit dem sehr populär gewordenen Hörspiel *Fahrerflucht* (1958), mit zahlreichen Features und Hörspielen zwischen 1955 und 1957. Ein Erzählband *Geister und Leute* (1958) nahm Gestalt an. Die intensivste Arbeit war auf den Roman *Sansibar* gerichtet.

Schon vor seinem Erscheinen war der Roman in der Fachwelt im Gespräch, und er wurde mit Spannung erwartet. Freunde, u. a. Arno Schmidt, hatten Alfred Andersch zu dem Roman ermutigt. Mit ausländischen Verlegern wurden bereits die Übersetzungsrechte festgelegt. Er war weiß Gott kein literarischer *nobody* mehr, und so wurde der Roman auch zu dem erwarteten großen Erfolg. Anfänglich hatte es nicht danach ausgesehen. Die beiden ersten Auflagen verkauften sich nicht sensationell gut, aber innerhalb von fünf Jahren stiegen die Verkaufszahlen beständig und steil an. Für Andersch wurde das Buch zu dem erhofften finanziellen Erfolg, der ihn materiell absicherte.

ein wichtiger und erfolgreicher Roman

Der Idee des Romans lag ein tatsächliches Geschehen zu Grunde. Andersch hatte einen Zeitungsbericht über die Rettung einiger Barlach-Plastiken durch den Hamburger Industriellen Reemtsma gelesen. In diese Grundidee verwob er eigene Erinnerungen an eine Wanderung, die er 1938 entlang der Ostseeküste in Mecklenburg unternommen hatte. Das ganze Trauma antijüdischer Gewalt, das er nach dem Tod der Mutter seiner ersten Frau empfand (sie starb im KZ Theresienstadt), und das Eingeständnis seines eigenen Versagens durch den ‚Verrat' an Angelika Albert, von der er sich 1943 scheiden ließ, hatten ihn nicht zur Ruhe kommen lassen. Seine eigene unbewältigte Vergangenheit vermischte sich mit der jüngsten, in seinen Augen noch unbewältigten geschichtlichen Vergangenheit Deutschlands. Der Roman wurde zu einem Stück Abrechnung mit dem Faschismus, dem Hauptthema seines Schaffens. Er hatte eine schlichte Botschaft mitzuteilen:

> *„Ohne Auftrag, aus bloßer Menschlichkeit heraus zu handeln, darauf kam es an, das wollte er darstellen. Indem er die Herrschaft der Diktatur des totalitären Dritten Reiches, die Verfügungsgewalt der Kommunistischen Partei und die Allmacht Gottes in Gegensatz setzte zum Recht des Menschen auf freie Selbstbestimmung, gab er ihm das Verfügungsrecht über sich selbst zurück, und das geschah am besten, indem jeder gleichsam seine Geschichte selbst erzählte."[12]*

Andersch, der ein äußerst kritisches Verhältnis zur Gesellschaft und zum politischen Alltag Deutschlands hatte ($\Rightarrow$ **1.3**), rechnete in diesem Roman krass mit allen alten und neuen „-ismen" ab. Sein Augenmerk war auch darauf gerichtet, eine persönliche Konsequenz aus seinen Erfahrungen im Nazi-Deutschland abzuleiten. In Stuttgart, das er als Hochburg des Restaurativen empfand, fühlte er sich überhaupt nicht wohl. Mit seinem Schriftstellerkollegen und Freund Arno Schmidt

---

12 Stephan Reinhardt: *Alfred Andersch – Eine Biografie*. Zürich 1996, S. 238 f.

erwog er Pläne auszuwandern. Er mochte sich nicht länger in einem Land aufhalten, das alte Nazis nicht nur deckte, sondern ihnen dazu verhalf, wieder in politische Schlüsselpositionen zu gelangen. Scharf machte er, das sei an dieser Stelle wiederholt, gegen die „Adenauer- und Nazimeute"[13] Front. Er wurde gehört, doch ändern konnte er nichts. Im Jahre 1958

Rückzug in die Schweiz – kein „Verrat" an den eigenen Überzeugungen

siedelte er nach Berzona (Tessin) über, in die Nachbarschaft Max Frischs, zu dem sich allerdings ein angespanntes Verhältnis entwickelte.

War diese Übersiedlung in die Schweiz ein Zeichen von Resignation? Sie wurde allgemein als ein ‚ästhetischer Eskapismus' angesehen und fand laute Kritik. Von Andersch, der als Schriftsteller und Mann der Öffentlichkeit (Rundfunk) heftig für die Erneuerung von Gesellschaft und Kunst eingetreten war, hatte man erwartet, dass er seinen Einsatz zur Korrektur der von ihm angeprangerten Missstände noch steigerte. Nach Ansicht von Kennern der deutschen Literaturszene besaß er bereits zu diesem Zeitpunkt das Zeug zu einer Führungsfigur, wie Jean-Paul Sartre sie für Frankreich war. Doch er verließ das Land, um aus der Ferne zu grollen.

Auch wenn es Andersch um die Aufarbeitung der jüngeren deutschen Geschichte und um die Auseinandersetzung mit Fragen zum politischen Zeitgeschehen ging, so war sein primäres Anliegen ihre Umsetzung in Literatur, d. h. die Verzahnung von politischer Manifestation mit den Mitteln der Ästhetik. Mit *Sansibar oder der letzte Grund* begann für ihn der Weg zu einer eigenen ästhetischen Theorie, deren Maxime es war, das Schreiben „als Prozess eines kritischen Denkens" zu verstehen und „die Bewusstseinsklärung des Menschen als eines

---

13 zitiert nach Kurt Sollmann (*Grundlagen und Gedanken erzählender Literatur*), Frankfurt a. M. 1994, S. 25

gesellschaftlichen Wesens voranzutreiben."[14] Es liegt auf der Hand, dass Andersch trotz des räumlichen Abstandes zur Bundesrepublik Deutschland keineswegs darauf verzichtete, sich ‚politisch' einzumischen.

---

14 Karl Otto Conrady: *Damit die Literatur nicht blind bleibt*, in: Gerd Haffmanns (Hrsg.), *Über Alfred Andersch. Essays–Aufsätze–Briefe*, Zürich 1980, S. 109

2.2 Inhaltsangabe

Ein Junge sitzt am Ufer der Treene, die unweit in die Ostsee mündet, und liest die Geschichte von Huckleberry Finn. Wie dieser auf dem Mississippi, so möchte er über die Ostsee fortfahren. Aber wohin sollte er? Auch sein Vater wollte einst weg, doch ist er stets nur auf die offene See hinausgefahren. Der Junge ist unschlüssig, was er tun soll.

Gregor fühlt sich bedroht. Er sitzt hinter licht stehenden Kiefern und schaut in Richtung Straße. Auf ihr will er mit dem Fahrrad zur Stadt Rerik fahren. Er fühlt sich unsicher und denkt daran, dass er jenseits der Sieben-Meilen-Grenze, z. B. auf einem Schiff nach Schweden, in Sicherheit wäre. Aber das hängt – so meint er – von den Genossen in Rerik ab, die Fischkutter besitzen. Wie einfach wäre es, wenn er statt von diesen nur vom Meer abhängig wäre.

Huckleberry hatte die Wahl, sich entweder in die Wälder oder auf den Mississippi zu flüchten. An der Ostsee gibt es kaum Wälder. Doch der Junge will fort. Ein Grund dafür ist, dass in seiner Heimatstadt Rerik nichts passiert.

Pfarrer Helander glaubt, dass ihm Knudsen gegen den gemeinsamen Feind helfen werde. Er fühlt sich einsam. Er sieht den leeren Kirchplatz, die Backsteinfront der Kirche und die niedrigen Ziegelhäuser. Er wartet darauf, dass auf der Querschiffwand der Kirche eine Schrift erscheinen möge. Einst sind seine Vorfahren mit ihrem König hierher gekommen. Sie glaubten, der rechten Botschaft gefolgt zu sein. Aber Helander fühlt sich verlassen. Sein Beinstumpf schmerzt ihn.

Der Junge hat sich unter Weidenzweigen versteckt. Er muss bald auf Knudsens Kutter zum Fischfang sein. Er findet die Fischerei langweilig, da Knudsen nicht auf die offene See fährt. Dort ist einst der Vater des Jungen umgekommen. Die Bewohner Reriks haben ihm aber keine Tafel – wie den übrigen auf See gebliebenen Männern – aufgestellt, da sie gemeint haben, er sei betrunken gewesen. Der Junge hasst deshalb alle Bewohner der Stadt. Das ist der zweite Grund, weshalb er fort will.

Brägevoldt aus Rostock hat dem Fischer Knudsen angekündigt, dass ihn ein Instrukteur der KPD bzw. des ZK der KPD aufsuchen werde. Knudsen ist von der Partei enttäuscht und will nichts mehr von ihr wissen. Er wartet dennoch auf den Kurier und lässt so die günstige Zeit zum Dorschfang verstreichen. Das kann ihn bei „den Anderen" verdächtig machen. Um die Zeit zu vertreiben, spaziert er durch den Garten und unterhält sich mit seiner geisteskranken Frau Bertha, die „die Anderen" vor einem Jahr in eine Anstalt haben bringen wollen. Mit Hilfe von Dr. Frerking hat er es verhindern können. Seine früheren Genossen haben sich rechtzeitig von der Kommunistischen Partei gelöst. Wenn er jetzt zum Treffen mit dem Instrukteur geht, verstrickt er sich in etwas Ungewisses, da er dann die Anweisungen der Partei befolgen muss. Er weiß nicht, was er tun soll.

Der Junge überlegt, ob sein Vater nicht doch ein Trinker gewesen sei. Hat er getrunken, weil er auf See hinaus musste oder ist er hinausgefahren, weil er betrunken gewesen ist?

Die junge Jüdin Judith ist auf Anraten ihrer Mutter nach Rerik gereist, um von hier aus ins Ausland zu flüchten. Sie hat sich im Lokal „Wappen von Wismar" einquartiert. Kurz bevor sie zu Hause abgereist ist, hat sich ihre Mutter vergiftet. Rerik erscheint ihr – im Gegensatz zu den romantischen Darstellungen ihrer Mutter – trostlos. Der feiste Wirt ist ihr unsympathisch. Zur Erinnerung an ihre Mutter legt sie ein Foto von ihr auf das Kopfkissen.

Der Junge meint, wenn er seines Vaters Boot hätte, würde er nach Dänemark oder Schweden fahren können. Seine Mutter hat es jedoch seinerzeit verkauft. Jetzt ist er bei Knudsen beschäftigt, von diesem abhängig und nicht so frei wie Huckleberry Finn.

Gregor fährt mit dem Fahrrad nach Rerik, das ihn sehr beeindruckt. Insbesondere faszinieren ihn die Kirchtürme. Er erinnert sich an die Stadt Tarasovka auf der Halbinsel Krim, wo er als Manövergast gewesen ist, und an seinen Aufenthalt in Moskau, wo er die Lenin-Akademie besucht hat. Dort hat er den Namen Grigorij erhalten. Seine Genossen halten ihn für flau.

Der Junge füllt Treiböl in den Tank des Kutters und bedauert, dass Knudsen nicht einmal auf große Fahrt geht.

Der Pfarrer besucht Knudsen auf seinem Kutter und bittet ihn, eine Holzfigur aus der Kirche ins Ausland zu schaffen. „Die Anderen" wollen die Plastik am anderen Tag beschlagnahmen. Knudsen lehnt ab. Er sieht in dem Pfarrer einen Bourgeois. Zudem ist er auch von den Kommunisten frustriert und will für niemanden mehr etwas tun.

Der Junge ist von Knudsen weggeschickt worden. Er wundert sich, dass dieser mit dem Pfarrer spricht, und nimmt sich vor, später einmal anders zu sein, wenn er erwachsen ist.

Judith sitzt in der Gaststube zum Abendbrot und tut, als ob sie lesen würde. Der Wirt beginnt ein Gespräch mit ihr und beklagt sich, dass die Regierung nichts für Reriks Hafen tue. Schließlich verlangt er ihren Pass. Judith befürchtet, dass er Verdacht geschöpft hat, und läuft hinaus, um angeblich zuzusehen, wie ein Schiff ankommt.

Der Junge findet bei seiner Mutter kein Verständnis für seinen Wunsch, auf See etwas erleben zu wollen. Sie will, dass er bei Knudsen seine Lehre zu Ende macht und anschließend zwei Jahre zur Marine geht. Er glaubt, seinen Vater verstehen zu können, der aus Kummer getrunken hat und dann auf die See hinausgefahren ist.

Gregor geht mit seinem Fahrrad über den Kirchplatz. Er will sich mit seinem Gesprächspartner in der Kirche treffen. Er hat Angst und möchte am liebsten flüchten. Um die Furcht zu vertreiben, schaut er sich das Innere der Kirche an. Ihm fällt eine Holzfigur auf, die einen jungen Mann darstellt, der in einem Buch liest, das auf seinen Knien liegt. Dann wird er durch das Eintreten eines Schiffers in seiner Betrachtung unterbrochen.

Nachdem der Junge bei seiner Mutter zu Mittag gegessen hat, versucht er den dritten Grund zu finden, weshalb er weg will. Knudsen erkennt Gregor als den vom ZK gesandten Instrukteur und entschuldigt sich für sein Zuspätkommen. Dieser erklärt jedoch, er habe sich gut mit der Plastik unterhalten. Gregor legt Knudsen, dessen Namen er nicht kennt, den Fünfergruppen-Plan des ZK dar. Er ist überrascht, als er erfährt, dass in Rerik nur noch ein einziger Kommunist lebt. Beide – Gregor und Knudsen – sind ihrer Arbeit in der Partei überdrüssig. Der Pfarrer tritt in die Kirche ein und geht auf Knudsen zu.

Der Junge überlegt, wie er ins Ausland gelangen könne. Er vergleicht seine Situation mit der Huckleberry Finns, der keine Papiere nötig hatte. Er möchte hin, wo etwas los ist.

Als der Pfarrer vom Hafen zurückkam, setzte er sich eine Weile in den Lehnstuhl. Die Schmerzen im amputierten Bein waren sehr stark. Er hatte Angst, weil er zuckerkrank ist, und verzweifelte an Gott. Als er den Kommunisten Knudsen und den ZK-Instrukteur Gregor in der Kirche trifft, ist er zunächst empört. Dann fragt er den Fischer nochmals, ob er bereit sei, die Plastik des „Lesenden Klosterschülers" nach Skillinge in Schweden zu bringen. Doch Knudsen will weder der Bitte des Pfarrers noch dem Befehl Gregors nachkommen.

Auf die Mahnung Knudsens, die Schoten festzulegen, weil der Wind aufkomme, denkt der Junge bei sich, dass kaum etwas passieren könne. Bei der geringsten Gefahr nämlich bringen sich die Küstenschiffer in Sicherheit.

Judith schaut zu, wie ein schwedischer Dampfer anlegt. Die ersten Fischkutter kommen bei anbrechender Dunkelheit vom Fang zurück. Knudsen wird unruhig, er möchte bald auslaufen, um unliebsamen Fragen auszuweichen. Gregor beobachtet ihn und Judith, die die Mannschaft des schwedischen Schiffes beobachtet. Er spürt, dass er sich in Judith verliebt hat. Diese fürchtet, der Wirt könne den Pass verlangen und denkt über verschiedene Fluchtmöglichkeiten nach. Gregor hofft, dass Knudsen helfen möge. Dieser schickt den Jungen nach Hause, weil er noch etwas zu erledigen habe.

Der Junge wundert sich darüber, dass Knudsen noch immer nicht ausläuft. Er geht zu dem schwedischen Schiff, um zu prüfen, ob er als blinder Passagier mitfahren könne. Der Dampfer ist aber viel zu klein, um darauf unbemerkt zu bleiben. Er denkt, wie einfach es früher gewesen sein muss, als Schiffsjunge anzuheuern, als man noch keine Papiere brauchte.

Judith setzt sich in die Gaststube, wo sich auch Gregor und die schwedische Schiffsmannschaft aufhalten. Sie unterhält sich mit dem Wirt, der sie bedient. Ein schwedischer Matrose fängt ein Gespräch mit ihr an und lädt sie aufs Schiff ein. Judith geht trotz der Beleidigungen durch den Wirt mit ihm. Bald spürt sie, dass der Schwede die Einladung bereut, und geht wieder von Bord.

Der Junge geht in sein Versteck in der alten Gerberei an der Treene, wo er im *Huckleberry Finn* liest. Noch andere Bücher hat er dort: z. B. *Tom Sawyer*, *Die Schatzinsel*, *Moby Dick* und Karl-May-Bände. Aber was darin erzählt wird, stimmt nicht mit seiner – des Jungen – Wirklichkeit überein. Die Helden der Bücher können hin, wohin sie wollen. Er nimmt eine Landkarte und überlegt, ob er z. B. nach Sansibar fliehen könne. Sansibar zu sehen ist der letzte Grund seiner Flucht.

Gregor sagt dem Wirt, dass er sein Gepäck vom Bahnhof abholen wolle. Als dieser Judiths Koffer rausstellen will, um deren Zimmer zu räumen, erwidert Gregor, er wolle ein anderes Zimmer, das Mädchen komme bestimmt bald wieder zurück. Er will den Wirt, der noch durch die trinkenden Schweden beschäftigt ist, zum Warten veranlassen, damit dieser keine Anzeige gegen Judith erstattet. Gregor geht zu Knudsen, der nun doch auf Gregor gewartet hat, auf dessen Boot. Sie verabreden einen Treffpunkt, wo der Junge Gregor und die Figur mit dem Beiboot abholen wird. Knudsen bietet aber nicht an, mit der Figur auch Gregor nach Schweden zu bringen. Gregor sagt Knudsen nicht, dass er noch Judith mitbringen will, weil er befürchtet, dass dieser dann nicht mehr mitmachen werde. Als der Junge gekommen ist, fährt Knudsen mit dem Schiff fort.

Der Junge überlegt, warum er einen Passagier heimlich an Bord holen soll. Er möchte Knudsen gern fragen, was es damit auf sich habe, lässt es aber sein.

Helander erfährt von Dr. Frerking, dass es nicht gut um seinen Beinstrumpf stehe. Der Arzt rät ihm dringend, noch am gleichen Abend zu Professor Gebhard zu fahren. Helander aber will erst die Holzplastik retten. Er fühlt sich von Gott und den Menschen verlassen und hat Angst. Er nimmt Tabletten gegen den Schmerz in seinem Beinstumpf.

Der Junge wundert sich über Knudsens Mut. Er vergleicht ihn mit den Helden in seinen Abenteuerbüchern.

Gregor spricht Judith auf dem Kai an und überredet sie, mit ihm zu kommen. Beide gehen in die Georgenkirche, wo sie gemeinsam mit dem Pfarrer die Holzplastik abschrauben und in eine Decke wickeln. Als Gregor – bevor Pfarrer Helander kommt – mit dem Mädchen allein in der Kirche steht, möchte er sie in die Arme nehmen und küssen. Er tut es jedoch nicht. Er denkt an seine frühere Freundin Franziska, die in einem russischen Lager umgekommen ist. Gregor und Judith gehen mit der Statue weg.

Nachdem Knudsen angehalten hat, fährt der Junge mit dem Beiboot fort. Er muss gegen den Wind ankämpfen. Insgeheim hofft er, die Chance einer Flucht aus Rerik nutzen zu können. Judith und Gregor kommen bei der Genossenschaftsmolkerei an, von dort aus führt ein Fußweg zum vereinbarten Treffpunkt am Haff. Gregor trägt die Holzplastik auf den Schultern. Judith erinnert sich daran, wie sie in der Dunkelheit manchmal mit ihrem Vater spazieren gegangen ist und dieser Goethe rezitierte. Der Junge wartet schon mit seinem Boot und ist überrascht, dass Gregor noch jemanden mitgebracht hat. Auf der Fahrt zur Halbinsel drohen sie vom Scheinwerferkegel eines Zollbootes erfasst zu werden. Gregor und Judith unterhalten sich flüsternd. Nach einer Viertelstunde erreichen sie mit der Figur die Lotseninsel.

Während der Fahrt hat der Junge ununterbrochen die aus ihrer Wolldecke gewickelte Figur angesehen. Obwohl er seit seiner Konfirmation keinen Gottesdienst mehr besucht hat, weiß er, dass sie aus der Kirche stammt. Er fragt sich, warum die Plastik, die nur einen lesenden Jungen darstellt, fortgebracht werden muss, und was Gregor und Judith damit zu tun haben. Er hofft, wenn die Figur ins Ausland kommt, könne es auch ihm gelingen.

Knudsen hat an der Lotseninsel festgemacht. Er will mit der Figur an den dänischen Inseln vorbei zur schwedischen Küste fahren. Er überlegt, die Holzplastik über Bord werfen, auch auf diese Weise wäre sie dem Zugriff der „Anderen" entkommen. Als der Junge mit Judith und Gregor, der die Figur hat, ankommt, ist Knudsen verärgert. Weil er sich weigert, das Mädchen an Bord zu nehmen, kommt es zwischen ihm und Gregor zu einer Schlägerei. Beide hassen sich. Schließlich ist er bereit, Judith und die Holzplastik nach Schweden zu bringen. Gregor bleibt auf der Halbinsel und geht bei anbrechendem Morgen zur Stadt zurück.

Der Junge ahnt, dass es sich um eine politische Angelegenheit handelt und Judith eine Jüdin ist. Er vergleicht sie mit dem Neger Jim in *Huckleberry Finn*, dem auch geholfen werden musste. Er nimmt sich vor, sich im Ausland ebenfalls als politischer Flüchtling auszugeben, damit er nach Amerika oder Sansibar kommen kann. – Knudsen schickt das Mädchen unter Deck, wo es sich neben den Jungen und die Holzfigur setzt. Als Judith hört, dass der Junge flüchten will, bittet sie ihn, bei Knudsen zu bleiben, damit dieser nicht in Gefahr komme. Dem Jungen ist dies gleichgültig, er meint, auch die Plastik nehme auf niemanden Rücksicht.

Helander träumt, eine Frau wolle sich aus dem Hotelfenster stürzen. Er erwacht und erinnert sich an das Hotel in Lille, wo er nach der Beinamputation einige Wochen gelebt hat. Nach seinem dortigen Aufenthalt ist er zur Fortsetzung des Theologiestudiums aus der Armee entlassen worden, hat eine Pfarrstelle bekommen und geheiratet. Als seine Frau im Kindbett gestorben ist, ist er wieder allein gewesen. Unter diesem Alleinsein hat er oft gelitten. – Er erinnert sich an seinen zweiten Traum, der davon handelt, wie er über einem norwegischen Fjord hin- und herschaukelt. Beide Träume erscheinen ihm trostlos und sind seiner Meinung nach Zeugnis dafür, dass die Welt erlöst werden muss. Er weiß aber nicht, wie dies geschehen soll: vielleicht durch das Studium der Psychoanalyse? – Weil ihn sein Beinstumpf schmerzt, nimmt er Tabletten ein, deren Wirkung nachlässt, als es hell wird. Dann wendet er sich zum Schreibtisch und entnimmt ihm eine Pistole. Er hat Angst vor den „Anderen" und hadert mit Gott, den er einen Spieler nennt und gegen den er sich empört. Als er ein Geräusch hört, eilt er zum Fenster und sieht, wie vier Männer aussteigen und in die Kirche gehen. Dann kommen sie ins Pfarrhaus. Als sie in sein Zimmer treten, schießt er den Ersten nieder, dann wird er von den übrigen dreien erschossen.

Knudsen hat die Plastik und das Mädchen nach Skillinge in Schweden gebracht. Der Junge erkundet die Landschaft und findet eine nicht abgeschlossene Blockhütte. Er fängt sich Fische und brät sie in der Hütte. Er freut sich, in Schweden zu sein, und hofft, bald nach Amerika, Sansibar oder auf den Indischen Ozean zu kommen. Doch dann kehrt er zu Knudsen aufs Schiff zurück.

2.3   Aufbau

Die Konstruktion des Romans ist zielstrebig auf das Ende ausgerichtet: die Möglichkeit der Flucht aus dem NS-Deutschland. Das Ziel der Flucht ist offen, und eine persönliche Rückversicherung findet nicht statt. Das Ziel kann Dänemark, Schweden, Amerika oder die Insel Sansibar sein. Andersch hat seine persönliche Flucht, seine Desertion an der Italienfront, sicherlich hier eingebracht. Auch er war Kommunist und fand in der KPD keine Heimat mehr, da sie keine persönliche Entscheidungsfreiheit zuließ, auch er lehnte jedes Paktieren mit den Nationalsozialisten, den „Anderen", ab, auch er fand zuletzt Zuflucht in der Kunst. Für den Jungen ist Sansibar allerdings nicht Ziel, sondern letzter Grund der beabsichtigten Reise. Er sieht in der Flucht einen neuen Lebensbeginn, während die Übrigen – Gregor, Knudsen, Helander, Judith – ihr Leben retten müssen. Der Junge will weg, die anderen müssen weg. So ist dann auch die Handlung, soweit sie den Jungen betrifft, in einem anderen Schriftbild gehalten. Andersch stellt dem Jungen stets einen anderen Helden bzw. eine Personengruppe gegenüber und baut den Roman so auf, dass ein Abschnitt, der von dem Jungen handelt, durch einen Abschnitt abgelöst wird, der von jemand anderem handelt.

Mit dem Jungen beginnt und endet die Handlung. Dazwischen entwickelt sich das Geschehen. „Charakteristisch ist", erklärt Karl Migner, „dass keine Figur eine Bindung ohne Rechtfertigung löst, einen Auftrag ohne zwingende Notwendigkeit verrät."[15] Alle Personen, die in den ersten acht Kapiteln vorgestellt werden, sind durch eine gewisse Solitär-Haltung gekennzeichnet, um nicht zu sagen, durch einen gewissen Sol-

---

15 Vgl. Karl Migner: *Die Flucht in die Freiheit. Untersuchungen zu einem zentralen Motiv in den Werken Alfred Anderschs.* Tübingen 1963, S. 332

ipsismus.[16] Alle hatten aber früher eine mehr oder weniger starke Bindung an eine Person oder Idee. Ihr Aufeinandertreffen scheint rein zufällig und ergibt verschiedene Konstellationen, wie z. B.

Bindung aller Romanfiguren aneinander

Helander – Knudsen
Knudsen – Gregor
Helander – Knudsen – Gregor
Judith – Gregor – Knudsen
Judith – Gregor – Helander
Knudsen – Gregor – Judith

wobei der Junge zu allen Gruppen oder Personen Kontakt hat bzw. in irgendeiner Kommunikation steht.

Die (erwachsenen) Hauptfiguren des Romans können aus bestimmtem Blickwinkel zu Personengruppen zusammengestellt werden, wie R. Geißler klar macht:

„Man kann unter den vier Erwachsenen verschiedene Gruppierungen zusammenstellen, je nachdem, unter welchen Gesichtspunkten man sie betrachtet: So lassen sich den Einheimischen (Knudsen, Helander) die Fremden (Gregor, Judith) gegenüberstellen, denen, die bleiben wollen (Knudsen, Helander), diejenigen, die eine Flucht erhoffen (Judith, Gregor), oder den bewusst politisch handelnden Kommunisten (Gregor, Knudsen) die nur wegen ihres Soseins, wegen ihrer rassischen oder geistigen Herkunft Bedrohten (Judith, Helander), dem resignierenden Knudsen den zur Tat gedrängten Pfarrer, der passiven Jüdin den aktiven Gregor."[17]

---

16 Solipsismus = Überzeugung, Lehre von der Wirklichkeitsbedeutung des subjektiven Ichs.
17 Rolf Geißler (Hrsg.): *Möglichkeiten des modernen Romans*, Frankfurt a. M.–Berlin–München [4]1970, S. 221

> **Spannung:**

In den ersten acht Kapiteln (nach szenischen Abschnitten gezählt) werden die Hauptpersonen vorgestellt, wobei uns der Dichter in Rückblenden mit ihrer Vergangenheit bekannt macht:

der des Jungen – S. 12, 17
der Helanders – S. 10 f.
der Knudsens – S. 12 ff.
der Judiths – S. 17 ff.
über Gregors Vergangenheit erfahren wir zum ersten Mal etwas in Kapitel 10, S. 23 f.

> **Gedanken und Pläne:**

des Jungen – S. 7
Helanders – S. 9 ff.
Knudsens – S. 15 f.
Judiths – S. 18

Durch die verschiedenen Absichten der handelnden Personen (Der Junge möchte etwas erleben – Gregor und Knudsen wollen aus der Partei ausbrechen – Helander will die Holzplastik retten – Judith versucht, aus Deutschland zu fliehen) wird die Aufmerksamkeit des Lesers auf das Handlungsende gerichtet. Zu viele retardierende Momente scheinen hemmend in den Handlungsverlauf einzugreifen. Zuerst beobachten die Personen sich gegenseitig sehr argwöhnisch, voller Misstrauen, Angst oder Hass. Der Leser vermag kaum an ein „gutes" Ende der Handlung zu glauben. Immer wieder wird also die Handlung gerafft, um die Spannung zu steigern. Geißler stellt folgende wichtige Spannungspunkte heraus:[18]

> unterschiedliche Motive; Auflösung erst am Ende des Romans

---

18 Rolf Geißler, S. 219

- Wird es für Knudsen gefährlich, wenn er so lange im Hafen liegen bleibt? (Kap. 6/22)
- Judith findet keinen Dampfer vor. Wird sie einer Passkontrolle entgehen? (Kap. 8)
- Wird das Gespräch zwischen dem Pfarrer und dem Atheisten Knudsen nicht auffallen? (Kap. 12)
- Es kann gefährlich werden, wenn jemand gesehen hat, dass ausgerechnet Knudsen die Kirche aufsucht. (Kap. 18)
- Für Judith scheint es aussichtslos zu sein, ohne Pass ihren Koffer holen zu können. (Kap. 22)
- Eine Schlägerei mit den schwedischen Matrosen würde eine Polizeikontrolle zur Folge haben, der Judith nicht entgehen könnte. (Kap. 24)
- Judith zerrinnt die Chance einer Flucht mit dem schwedischen Dampfer. (Kap. 24)
- Gewohnheiten können Gregor verraten (Fahrradklammern). (Kap. 26)
- Wird die Rettung der Figur gelingen, da Helander sofort nach Rostock in die Klinik soll? (Kap. 28)
- Werden die Scheinwerfer des Zollbootes das Beiboot entdecken? (Kap. 32)
- Knudsen weigert sich, Judith mitzunehmen. (Kap. 34)
- Judith möchte Knudsen nicht ins Unglück stürzen und will nun ihrerseits auf die Rettung verzichten. (Kap. 34)
- Helander wird man zur Rechenschaft ziehen. Wie wird das ausgehen? (Kap. 36)
- Wird der Junge in Schweden bleiben? (Kap. 37)

Da der Roman aus kurzen szenischen Abschnitten („Kapiteln") zusammengesetzt ist, drängt sich die Meinung auf, ihn als „szenische Erzählung" zu sehen, für die der Verfasser die „personale Erzählsituation" gewählt hat.[19] Der Text lebt von der Spannung auf zwei Ebenen: vom Handlungsverlauf und von den Reflexionen der Handlung. Wie bei einer Filmmontage wechseln sich beide ständig ab. Hinzu kommt, dass alle Personen zur gleichen Zeit handeln. Die dabei von Andersch verwendete Technik der simultanen Figurenführung hat eine besondere Form der Personendarstellung zur Folge.

> kurze szenische Abschnitte – Nähe zum Drama

Andersch bedient sich des inneren Monologs und der erlebten Rede, wobei zuerst in der erlebten Rede und dann im Monolog berichtet wird mit einer Dialogpartie, einer auktorial erzählten Passage oder mit erlebter Rede und Monolog, die einander folgen. Zwischen diesen Formen der Personendarstellung gibt es Gelenkstellen, die an den Wörtern

> mehrere Handlungsstränge und simultane Figurenführung

„dachte er", „dachte sie", „dachte der Junge" usw. zu erkennen sind.[20] Die gegenwärtige personale Situation wird ergänzt durch Erinnern, Hoffen, Planen, Reflektieren. Vorbild dieser Stiltechnik war wahrscheinlich Virginia Woolfs Roman *Mrs. Dalloway*. An diesen Gelenkstellen wird besonders der auktoriale Erzähler sichtbar.

Obwohl nur wenig Dialoge vorkommen, ist im Roman *Sansibar oder der letzte Grund* die Nähe zum Drama auffallend durch die weit gehende Beachtung der drei Einheiten. „Die Konturen der Gattungen verblassen (im modernen Roman), die Formen

---

19 Vgl. Franz K. Stanzel: *Typische Formen des Romans*, Göttingen 1964
20 Vgl. Hrair Pischdovdijan: *Menschenbild und Erzähltechnik in Alfred Anderschs Werken*, Diss. Zürich 1978, S. 71. – Zum Verhältnis von „auktorialem" und „personalem" Roman, insbesondere in *Sansibar oder der letzte Grund*, vgl. auch Käte Hamburger: *Erzählformen des modernen Romans*, in: *Der Deutschunterricht*, Jg. 11, 1959, H. 4, S. 5 und S. 23

gehen ineinander über", schreibt Julius Rütsch, „der Roman will nicht mehr in erster Linie Roman, das Drama nicht mehr Drama sein – vielmehr wollen alle möglichst nahe an die Gemeinsamkeit der Poesie heranreichen, an die konzentrierte Manifestation der menschlichen Lage."[21]

So lassen sich in Alfred Anderschs Roman die Einheiten des Ortes, der Zeit und der Handlung feststellen, allerdings nicht in dem konzentrierten Maße, wie es von der gängigen Sekundärliteratur behauptet wird. Die Tatsache, dass die handelnden Personen weit gehend kontaktlos sind, erinnert an die Bühnenstücke von Eugène Ionesco, dessen dichterische und weltanschauliche Intention allerdings eine ganz andere als diejenige Anderschs ist.

––––––

Zum Hauptschauplatz des Romans schreibt Geißler:

„*Über die Stadt Rerik findet sich im ,Großen Brockhaus' folgende Notiz: ,Rerik, bis 1938 Alt Gaarz, Stadt und Badeort im Kreis Bad Doberan, Bez. Rostock, nordöstlich Wismar, am Salzhaff und an der Ostsee, mit (1946) 4100 Einw.'. Dieser reale Ort bekommt im Roman die Funktion einer scena, einer Bühne, die, nach drei Seiten hin abgeschlossen, nur einen Augenblick freigibt, den zum Meer hin, nach Schweden, in die Freiheit. So wird die Stadt auch von Gregor empfunden (Kap. 2), der die Landstraße auf Rerik zu, dann als ,Naht zwischen den beiden Vorhanghälften' deutet: ,man trenne sie auf, indem man sie mit dem Fahrrad entlang fuhr'. Auf diesem Schauplatz agieren Personen, deren Herkunft, deren Verbindung zu anderen Orten angesichts der gemeinsamen Bühne unwichtig sind. Es wird zwar gesagt, dass Helanders Vorfahren aus Schweden stammen, Judith aus Hamburg kommt, Gregor in*

––––––––––––––––––––––––––––

21   Julius Rütsch in: *Der Deutschunterricht*, Jg. 10, 1958, H. 5, S. 13

Russland ausgebildet wurde und die Sehnsucht des Jungen im Mississippi-Gebiet Erfüllung erhofft, aber der Ort sammelt alle diese zerstreuten Entwicklungslinien wie in einem Brennpunkt und stellt die Personen in die Gegenwart.[22]

Es werden im Einzelnen folgende Schauplätze erwähnt:

- die Treenebrücke
- der Kiefernwald und die Straße
- Pfarramt und Kirche
- die Wohnung Knudsens
- das Gasthaus
- der Kai
- die Gerberei
- die Genossenschaftsmolkerei
- der Weg am Molkereigebäude
- das Haff
- die Buhne auf der Seeseite der Lotseninsel
- die Küste von Schonen
- die Hütte bei Skillinge
- Knudsens Boot „Pauline"

———

Die Handlung spielt sich an einem Oktobertag des Jahres 1937 von 14.30 Uhr bis zum nächsten Tag nach 17 Uhr ab. Für die kurze Zeitspanne von etwa 27 Stunden sind alle Beteiligten in einem Handlungsstrang zusammengeschlossen. Aber es sind vorwiegend äußere Gründe, die diese Einheit bewirken. Die verschiedenen personenbezogenen Handlungsstränge werden scheinbar durch die Person des Jungen immer wieder zusammengerafft.

---

22 Rolf Geißler: *Möglichkeiten des modernen Romans*, Frankfurt a. M.–Berlin–München [4]1970, S. 217

Man könnte auch meinen, dass zwei große Handlungsstränge im Roman erkennbar seien: der des Jungen und der der anderen Personen. Dann müsste man die durch den Jungen geprägte Handlung als Rahmenhandlung sehen, in die die übrige Handlung eingebettet ist. Indes scheint diese Auffassung nicht der von Alfred Andersch zu entsprechen, da sie dem Prinzip der simultanen Figurenführung entgegensteht. Es handelt sich bei dem vorliegenden Roman vielmehr um eine Mischung von korrelativen und konsekutiven Formen der Handlungsverknüpfung. Die Einheit der Handlung ist nur durch die Fabel gegeben, die ihrerseits die konsekutive und korrelative Verknüpfung der Handlung impliziert.

> *„Theorien, die von der Einheit der Handlung als oberster ästhetischer Forderung ausgehen, billigen (gerade) der konsekutiven Verknüpfung den höchsten Grad künstlerischer Wirksamkeit zu. Die Unterordnung aller Teile unter ein gemeinsames Gesetz ist hier am stärksten ausgeprägt, und die Einheit von Anstoß, Verwicklung und Lösung eines Konflikts ist hier besonders offenkundig."*[23]

De facto ist die Handlung des Romans jedoch in mehrere Handlungsstränge aufgespalten. Dabei wird die Reihenfolge des Erzählens der verschiedenen Handlungen nicht nur durch die natürliche Abfolge des Geschehens, sondern auch durch die Spannungsbögen bestimmt. Man kann dabei von einer Verschachtelung verschiedener Handlungsstränge sprechen, wobei jeder einzelne Handlungsstrang eine eigene Handlungszeit, einen eigenen Handlungsort und eigene handelnde Personen hat. Verbunden sind sie durch eine übergeordnete Handlung, die in unserem Fall durch das zufällige Zusammentreffen von Gregor, Judith, Helander, Knudsen und dem Jungen zustande kommt.

---

23 Eberhard Lämmert: *Bauformen des Erzählens*, Stuttgart 1955, S. 62

2.4 Personenkonstellation und Charakteristiken

> **Der Junge**

Der Junge ist der Sohn von Hinrich Mahlmann. Er will unbedingt weg von Zuhause, möglichst auf die offene See. Seine Tätigkeit als Schiffsjunge bei Knudsen füllt ihn nicht aus. Die Welt der Erwachsenen interessiert ihn nicht. Für ihn, den Fünfzehnjährigen, ist das große Vorbild Huckleberry Finn. Wie dieser möchte er „raus" aus der gewohnten Umgebung, und zwar aus drei Gründen: erstens ist in Rerik nichts los, zweitens hasst er alle Einwohner, weil sie das Andenken seines Vaters missachten, und drittens, „weil es Sansibar gab, Sansibar in der Ferne, Sansibar hinter der offenen See, Sansibar oder den letzten Grund" (S. 82). Er fühlt sich in der Welt gefangen, die von den Erwachsenen verwaltet und bestimmt wird. So baut er sich eine Scheinwelt auf.[24] Seine Scheinwelt wird konfrontiert mit der Welt der Realitäten, deren allegorische Figur der „Lesende Klosterschüler" ist. In der Begegnung mit dem Klosterschüler und Judith erfährt der Junge eine existenzielle Wandlung. Er spürt zum einen, dass er die in seiner Heimatstadt herrschende Wirklichkeit nicht mit der in *Huckleberry Finn* geschilderten vergleichen kann. Zum anderen spürt er, dass er selber durch die in Rerik herrschende Wirklichkeit nicht bedroht wird. Und letztlich wird ihm bewusst, dass es nicht genügt, zu fliehen, weil es Sansibar gibt. Dieser letzte Grund, den er sich ausgedacht hat, reicht als Argument nicht aus: Man kann nicht fliehen, weil es scheinbar ein Ziel gibt, ohne vorher versucht zu haben, sich in der Realität der Gegenwart zu bewähren. Aus diesem Grund kehrt er auch zu Knudsen zurück, von dem er kurz vorher noch gesagt hat, er sei ihm gleichgültig.

---

24 Rolf Geißler: *Möglichkeiten des modernen Romans*, Frankfurt a. M.–Berlin–München ⁴1970, S. 224

Mit dem Jungen beginnt und endet der Roman. Huckleberry Finn, dessen Weltbild deterministisch ist, ist die erste künstlerische Figur, die ihn beeindruckt, die Barlach-Skulptur aber ist die entscheidende. Zwei ästhetische „Verdichtungen" fungieren also als Ursprung eines ethischen Bewusstseins.[25] Während die Mississippi-Literatur den Weg aus der Wirklichkeit hinaus bezeichnet, aber eine Flucht in die „falsche" Zukunft ist, zeigt der verfolgte Klosterschüler den Weg in die „echte" Zukunft.

ästhetische Verdichtung	Wirkung	Weg	Ergebnis
Literatur: *Huckleberry Finn* Skulptur: Klosterschüler	Wandlung des ethischen Bewusstseins	Flucht aus der Gegenwart Flucht in die Zukunft	politisch-soziales Tun als Folge der ethischen Wandlung

In der Person des Jungen – und nicht nur in ihr – zeigt Andersch, dass die Menschen „die Kunst brauchen", um „wahrer" leben zu können. Wie bei dem Dichter selber ist die Bereitschaft zur Freiheit die Voraussetzung dazu, dass das Kunsterlebnis zum Anlass wird, aus der beengenden Gegenwart in eine „wahre" Zukunft zu flüchten. Es ist überhaupt ein Kennzeichen der Romandichtung Anderschs, dass der Drang nach politischer Gerechtigkeit mit ästhetischer Sensibilität zusammengeht. Während anfangs Mark Twains *Huckleberry Finn* Vorbild ist, gelingt es dem Jungen,

existenzielle Wandlung des Jungen durch den „Lesenden Klosterschüler"

---

25 Vgl. ausführlicher Irene Heidelberger-Leonard: *Alfred Andersch. Die ästhetische Position als politisches Gewissen*, in: *Theo Buck* (Hrsg.), *Literarhistorische Untersuchungen*, Bd. 4, Frankfurt a. M.–Bern–New York 1986, S. 79 ff.

nach und nach die Welt der Erwachsenen zu durchschauen, sie zu verstehen. Knudsen erkennt dies nicht, wohl aber Gregor. Durch Judiths Frage, ob er Knudsen verlassen wolle, wird dem Jungen endgültig bewusst, dass wahre Freiheit nicht in der Loslösung von etwas, von anderen – von Rerik oder den Erwachsenen – besteht, in der Flucht vor Geschehnissen und Tatsachen. Jetzt entscheidet er sich zur Freiheit zu etwas, zur Übernahme von Verantwortung, aber auch zum Verzicht. Jetzt ist nicht mehr Huckleberry Finn sein Vorbild, sondern der Klosterschüler. Eine andere Meinung vertritt Pischdovdijan, wenn er meint, mit der Figur des Jungen scheine

> *„Andersch vor einer Freiheit zu warnen, die (letztlich) ziellos ist, die nur eine Freiheit um der Freiheit willen ist. Indem Abschnitte, die dem Jungen gewidmet sind, drucktechnisch von den anderen Abschnitten abgesetzt werden, werden auch die grundsätzlichen Positionen der Figuren des Romans betreffend die Notwendigkeit und die Beschaffenheit der Freiheit eindeutig voneinander unterschieden."*[26]

➢ Gregor

Gregor ist ein junger Mann, eher klein als groß, glatte schwarze Haare über einem mageren Gesicht, einen grauen Anzug, Fahrradklammern an den Hosen. Er sieht unauffällig aus. Seinen eigentlichen Namen erfahren wir nicht. Er stammt aus Berlin und ist von dem dortigen Jugendverband auf die Lenin-Akademie nach Moskau geschickt worden. Dort „legte er seinen Namen ab und wählte einen neuen. Er ließ sich Grigorij nennen." (S. 24) Dann ist er mit einem falschen Pass über

---

26 Hrair Pischdovdijan: *Menschenbild und Erzähltechnik in Alfred Anderschs Werken*, Diss. Zürich 1978, S. 79

Wien nach Rerik gereist, um hier im Auftrag des Zentralkomitees eine Kadergruppe aufzubauen. Doch es kommen ihm Zweifel an seiner Arbeit, an seinen Aufträgen, die er auszuführen hat. In Wirklichkeit hat er sich schon in Moskau von der Partei losgesagt. Spätestens ist dieser innere Abfall, den er als Verrat empfindet, bei einem Manöver in Tarasovka auf der Halbinsel Krim geschehen. Als er nach der Rückkehr vom Manöver seine Freundin Franziska nicht mehr vorfindet, weil sie verhaftet worden ist, lernt er sich „einzupuppen", Gefühle nicht mehr zu zeigen und auf der Hut zu sein. Seitdem benimmt er sich unauffällig und vermeidet jede Gewohnheit. Gregor selber hält sich für einen Niemand, der alles falsch gemacht hat. Teils ist er Fatalist, teils Nihilist, weder Kommunist noch Christ. Er spricht von sich als einem Mann, der, in eigenem Auftrag begrenzt, kleine Aktionen ausführt, aber dabei voller Angst ist. Dennoch zählt ihn Helander zu den „Boten der Rettung". Gregor erfährt durch die Begegnung mit Judith und dem Klosterschüler eine Wandlung. Durch sie erkennt er, dass man „im eigenen Auftrag" und für „die private Aktion" leben kann und nicht Sklave einer Ideologie sein muss. Gregor fühlt sich nicht mehr gebunden, sondern er will für sich allein frei sein. Und er ist eigentlich schon frei, weil er sein ihm bestimmtes Schicksal auf sich nimmt. Ja, er betet sogar wieder. Er hat sich selber wiedergefunden und daher keine Angst mehr. Fast könnte man sagen, er opfert sich für das Mädchen, in das er sich kurze Zeit verliebt hatte. Er möchte weg, aber das Mädchen muss weg, erkennt er. Damit hat er seine Willensfreiheit wiedergefunden, er kann wählen.

> Gregor – teils Fatalist, teils Nihilist

> **Helander**

Die ergreifendste und zugleich tragischste Figur des Romans ist Pfarrer Helander. Obwohl er eine Kämpfernatur zu sein scheint und burschikos im Umgang ist, z. B. mit Knudsen, leidet er sowohl unter der Amputation eines Beines als auch an seinem Glauben. Er hat am Ersten Weltkrieg teilgenommen und ist in Lille beinamputiert worden. Seit dem Tod seiner Frau ist er psychisch am Ende. Er wird von schweren Träumen gequält und leidet unter dem Alleinsein. Durch Kartenspiel und Studium der Psychoanalyse versucht er, seine Einsamkeit zu bewältigen. Aber es gelingt ihm nicht, immer tiefer gerät er in eine Glaubenskrise. Er empfindet die Herrschaft „der Anderen", der Nationalsozialisten, als Sieg des Bösen über das Gute, und Gott hat es nicht verhindert. Er geht so weit, dass er sagt: „... die Kirche, das bin leider nur ich." (S. 29) Helander befindet sich in der existenziellen Stufe der Grenzsituation zu Gott, wo der Mensch in seinen Bemühungen zu scheitern droht. Es gelingt ihm scheinbar nicht, die Welt zu bewältigen, weil er sich nicht in einer bergenden Gemeinschaft befindet (seine Familie existiert nicht mehr, seine Amtsbrüder sind zum Teil zu den „Anderen" übergelaufen, Knudsen weigert sich, seiner Bitte zu entsprechen und die Plastik zu retten). Sein Glaube prallt vor der Undurchdringlichkeit des Transzendenten zurück. Da erfährt er durch eine „Chiffre" die Transparenz der Transzendenz: nämlich durch die Plastik des Klosterschülers. Für Helander ist die Figur zunächst ein Gebrauchsgegenstand, dann aber Symbol des Glaubens, den es vor den „Anderen" zu verteidigen und zu retten gilt. An der Grenze seiner eigenen Verfügungsgewalt erlebt er die Begegnung mit dem eigenen

> Helander – zweifelnder Christ, der seinen Lebenssinn erst mit dem eigenen Tod erfährt

Selbst und mit Gott. Darum verwirft er den Gedanken an Selbstmord als Konfliktlösung.

Helander ist Anhänger des Schweizers Karl Barth, und als solcher vertritt er die Theologie der ‚Diastase'. Damit umschreibt Andersch die Konzeption einer dialektischen Theologie, die den unendlichen Abstand zwischen Gott und der Welt, Gott und dem Menschen, Kirche und bürgerlichem Dasein lehrt. Jede Möglichkeit der Annäherung des Menschen von sich aus an Gott ist sinnlos, da eben unmöglich. Nur Gott kann die Kluft überbrücken, indem er alles Endliche vernichtet und so den Einzelnen erlöst. Hier finden wir Anklänge an Sören Kierkegaard, der die Diskrepanz zwischen Welt und Gott, Wirklichkeit und Ideal ebenfalls betont und gerade in ihr – der Diskrepanz – die tiefste Wahrheit des Seins findet. Er geht noch weiter und lehrt: Der Sinn des Seins liegt im inneren Leben. Ein Leben als Glied einer Gemeinschaft entgeistet den Menschen und verdirbt ihn. Helanders Leben vollzieht sich zwischen Aufstand gegen Gott und Credo, zwischen Verzweiflung und Demut. Schließlich fühlt er sich als Werkzeug des „deus absconditus" und tötet die NS-Schergen nicht etwa, „weil er auf Gott wütend war" oder „um Gott zu züchtigen", der all das Unrecht zugelassen hat, sondern „Gott läßt [ihn] schießen, weil er [Gott] das Leben liebt" (S. 155). Helander fühlt sich von Gott beauftragt, „die Anderen", „die Teiggesichter unter Hüten", „das Gesindel", „das Fleisch in Uniform" (S. 154) niederzuschießen, um „die Welt für die Dauer von Sekundenbruchteilen lebendig" (S. 155) werden zu lassen. Und so erfährt er paradoxerweise die Erfüllung seines Lebens im Augenblick seines eigenen Todes.

➢ **Knudsen**

Knudsen ist ein Fischer aus Rerik, der ein kleines Motorboot und ein Haus mit Garten besitzt. Er hat mit der Partei als Organisation gebrochen, ist aber noch aus Überzeugung Kommunist. Doch er ist still geworden und schweigt. Seine früheren Genossen haben sich von der Partei abgewandt, und er ist der letzte Kommunist in Rerik. Sie sprechen zwar noch mit Knudsen, aber nicht mehr über Politik. Seine ganze Haltung sich selber und der Umwelt gegenüber drückt sich in den Gedanken aus, die er auf der Lotseninsel hat, bevor er mit Gregor in Streit gerät, weil er Judith nicht mitnehmen will. (S. 135) Obwohl er auch von der Kirche nichts hält, ist er schließlich doch bereit, die Plastik des „Lesenden Klosterschülers" in Sicherheit zu bringen. Zuerst überlegt er noch, ob er sie nicht an einer Stelle im Meer versenken könne, wo man sie später wiederfindet, doch nachdem er das Mädchen an Bord genommen hat, bringt er beide nach Skillinge in Schweden.

> Knudsen – Verzicht auf die Freiheit aus Überzeugung

Knudsen ist eine faszinierende Gestalt; er kann und will nicht frei sein. Er kann nicht frei sein, weil er verstrickt ist – verstrickt in die Liebe zu seiner geisteskranken Frau, die er intensiv liebt und um deren Schicksal er bangt. Er will nicht frei sein, weil er trotz seiner Enttäuschung von der Partei an die Wiedergeburt der Partei und an die Wiederkehr der Fahnen glaubt. Sein Nicht-Können und Nicht-Wollen bekunden sich in seinem Unmut Gregor gegenüber, der, im Gegensatz zu Knudsen, „den Schritt vom gedachten Abfall zum getanen, von der Aufgabe zum Verrat"[27] gemacht hat. So bleiben für Knudsen, im Gegensatz zu den anderen Figuren, keine Gründe, aus denen eine Flucht erklärt werden könnte. Nach Been-

---

27 Hrair Pischdovdijan, S. 77 f.

digung der Aktion, die er widerwillig ausführt, kehrt er zurück. Er kehrt zurück, weil seine Freiheit für ihn ziellos, eine Freiheit zu nichts wäre. Denn eine solche Freiheit würde ihm seine Frau, sein Boot und damit seine ganze Lebensgrundlage entreißen. Und Knudsen geht es ja um die Erhaltung dieser Lebensgrundlage, um die Selbsterhaltung. Knudsen entscheidet sich also für die Unfreiheit. Aber seine Entscheidung ist eine freie Entscheidung. Darin manifestiert sich der Freiheitswert seiner Entscheidung, die nicht weniger wert ist als die Freiheit an sich.

➢ Judith

Judith Levin, die einzige Person, deren vollständigen Namen wir erfahren, ist ein achtzehnjähriges Mädchen aus einer gut situierten Hamburger Familie. Sie hat ein schönes Gesicht und schwarzes Haar. Schon ihr Vater ist ein konvertierter Jude gewesen, und auch sie ist getaufte Protestantin. Ihr Vater ist schon lange tot, und, um Judith die Möglichkeit zur Flucht vor den einsetzenden Judenverfolgungen zu geben, ohne auf sie Rücksicht nehmen zu müssen, begeht ihre kranke Mutter Selbstmord. Judith hebt von der Bank einen Teil ihres Vermögens ab und reist, wie es die Mutter gewünscht hat, nach Rerik. Doch fühlt sie sich dort verlassen und fürchtet, durch ihren Pass als Jüdin erkannt zu werden. Sie hat Angst vor dem Wirt, der sich ihr in eindeutiger Absicht nähern will. Dennoch versucht sie, ihrer Flucht ein gewisses romantisches Flair abzugewinnen. Auf die Hilfe der schwedischen Matrosen hoffend, erfährt sie jedoch Demütigung und erkennt bald, dass ihrer Flucht nichts Romantisches

Judiths Rettung – ein Gebot der (politischen) Vernunft und der Menschlichkeit

anhaftet. Aus ihrem Gespräch mit Gregor erfahren wir, dass sie zwar an Gott glaubt, sich aber trotz Taufe und Konfirmation keiner Kirche zugehörig fühlt, dass sie sich früher als Deutsche fühlte, man sie aber seit ein paar Jahren zur Jüdin „gemacht" hat. Den Tod ihrer Mutter vermag sie noch nicht als Folge des nationalsozialistischen Rassendenkens zu erfassen. Überhaupt ist auffällig, das Judith wenig über sich und ihre Flucht in die Freiheit reflektiert. Dafür spiegelt sich aber ihr Tun und Denken in den sie begleitenden Personen Gregor, Helander und dem Jungen. Gregor, der sie sofort als Jüdin der wohlhabenden Bourgeoisie erkennt, befreit sie, weil dies ein Gebot der politischen Vernunft ist. Für Pfarrer Helander bedarf es keiner Rechtfertigung der Flucht. Er segnet sie zum Abschied und betet für sie.

Es entspricht Judiths Situation als „Ausgestoßene", als ein Mensch, der keine Entscheidungsfreiheit mehr hat und dem sicheren Tod ausgeliefert scheint, dass Andersch sie der Selbstreflexion und Selbstdarstellung enthebt. Und dennoch ist sie keine passive Person. Gerade ihr gelingt es, den Jungen zu bewegen, zu Knudsen zurückzukehren.

➢ Der Klosterschüler

Der Klosterschüler ist die Verkörperung dessen, was Ernst Bloch unter dem Begriff „Novum"[28] versteht. Dies ist „die reale Möglichkeit des Noch-Nicht-Bewussten, Noch-Nicht-Gewordenen". Die Plastik ist „Wendezeichen", „Weckzeichen", das eine „neue Zeit ankündigt", und fordert zur Stellungnahme

> Der „Lesende Klosterschüler" – Verkörperung der Unverfügbarkeit und Medium des Widerstandes gegen eine widrige Welt

heraus. Sie ist die eigentliche Triebfeder der Romanhandlung

---

28 Vgl. Ernst Bloch: *Das Prinzip Hoffnung I*, Frankfurt a. M. 1973 (passim)

und zugleich Metapher und antizipatorischer Reflektor. Obgleich selber Mitglied eines Kollektivs, verkörpert der lesende Mönch – paradoxerweise – den Anspruch des Individuums auf Unverfügbarkeit, auf jederzeit änderbare Hinwendung auf etwas anderes, kurz, auf absolute menschliche Freiheit. Seine Gestalt drückt sowohl Gelassenheit als auch Intensität aus. Sie fungiert als Vermittler einer neuen Wirklichkeit und ist so existenzielles Symbol des Widerstandes gegen eine widrige Welt. Der Klosterschüler tritt zwar nie handelnd auf, und wir erfahren nur über Dritte etwas über ihn, dennoch ist er das entscheidende Bindeglied zu den einzelnen Personen.

➢ Die übrigen Personen und Gruppen

Anderschs Roman ist eminent reflektiert und konstruiert. Es geht ihm um den Beweis des Freiheitsgedankens, den der Klosterschüler symbolisiert. Jede der handelnden Figuren – sei es der Junge, Gregor, Helander, Knudsen oder Judith – trägt auf ihre Weise zur Rettung dieses Freiheitsgedankens bei. Die Tatsache, dass die Personen so handeln, wie sie handeln, liegt in dem historischen Hintergrund begründet: im Wesen des nationalsozialistischen Systems, dem sie alle auf irgendeine Art ausgeliefert sind und das keine menschliche Kommunikation zulässt. Karl Otto Conrady schreibt in seinem Essay zu Anderschs Schrift *Die Blindheit des Kunstwerks*, das Schreiben funktioniere bei Andersch als Prozess eines kritischen Denkens, das der Bewusstseinsklärung des Menschen als eines gesellschaftlichen Wesens dienen wolle. Aber

das übrige Figurenensemble – Kulisse für die Dialektik des Romans

„*dies Denken (verfährt) konsequent dialektisch (und zeigt ein-drucksvoll, dass kritisches Denken heute, wenn es ernst genom-men sein will, nur dialektisch operieren kann): Es beruhigt sich nicht an der Oberfläche der Erscheinungen, nicht an den durch Gewöhnung, Vorurteile und partikulare Interessen verfestigten Tabus, sondern deckt Widersprüche auf, in denen der Einzelne und die Gesellschaft befangen sind, durchleuchtet Tabus auf ihre Gründe und Auswirkungen hin, und erst die Erkenntnis der Widersprüche liefert die Möglichkeit, die eigene Lage und das, was zu tun ist, zu bestimmen.*"[29]

Diesem „dialektischen Durchleuchten", dem Anzeigen der Wi-dersprüche, dienen die übrigen Personen des Romans, wie z. B. die Eltern Judiths, insbesondere die Mutter, die Eltern des Jungen, hier insbesondere der Vater, Heise, der Wirt, Bertha, die Frau Knudsens, Dr. Frerking, Professor Gebhard, Franzis-ka, die ehemalige Geliebte Gregors, Brägevoldt, der Funktio-när aus Rostock, und schließlich die Nationalsozialisten allge-mein (die Anderen), der junge Doktor, die Gestapo-Leute, die Amtsbrüder Helanders, die ehemaligen Genossen Knudsens, das ZK (Zentralkomitee der Kommunistischen Partei), die Kir-che, die schwedischen Matrosen, die Leute aus Rerik, die jun-gen Männer aus dem Tennisclub in Harvestehude, die in Rerik nicht mehr vorhandenen Gläubigen. Sie alle bilden – wenn auch z. T. nur als Statisten – den dialektischen Hintergrund des Geschehens, das ohne sie nicht verständlich wäre.

---

29 Otto Conrady in Gerd Haffmanns (Hrsg.): *Über Alfred Andersch*, Zürich ²1980, S. 108 ff.

2.5   Sachliche und sprachliche Erläuterungen

Mississippi (S. 7):	Strom im mittleren Westen der USA.
Huckleberry Finn (S. 7):	Erzählung von Mark Twain (*Huckleberry Finns Abenteuer*); der amerikanische Autor M. T. (1835–1910) schrieb auch den berühmten Jugendroman *Tom Sawyers Abenteuer*.
Speicher (S. 7):	Lagerhaus für Korn oder Wasser, Bodenraum im Haus, Dachboden.
Ultramarin (S. 8):	kornblumenblau, lasurblau; lat.: ultra = „jenseits, über ... hinaus".
Rerik (S. 8):	Kleinstadt an der mecklenburgischen Ostseeküste.
Rostock (S. 12):	Industriestadt an der Ostsee; Mecklenburg-Vorpommern.
Püttscherkram (S. 13):	lächerlicher Kleinkram.
Dorsch (S. 13):	kleinere, in der Ostsee lebende Form des Kabeljaus (von „Dörrfisch = Stockfisch).
Lotseninsel (S. 14):	beleuchtete Boje zur Orientierung für den Schiffslotsen.
havariert (S. 21):	hier: beschädigt.
Halbinsel Krim (S. 23):	im Schwarzen Meer gelegen, berühmt geworden durch die Jalta-Konferenz (4.–11. 2. 1945), auf der amerik. Präsident Franklin D. Roosevelt, Winston Churchill (GB) und Josef Stalin (UdSSR) die

Aufteilung Deutschlands in vier Besatzungszonen beschlossen.

Fehmarn (S. 25): Insel in der Ostsee.

Falster (S. 25): dänische Insel in der Ostsee.

Verdun-Bein (S. 27): abgeschossenes Bein; bezieht sich auf die berühmte Schlacht bei Verdun (Frankreich) im Ersten Weltkrieg (1916).

magaziniert (S. 28): Magazin: Vorratsraum, Lagerraum, Patronenkammer, Munitionskammer; magazinieren: im Magazin unterbringen, etwas auf Vorrat legen.

Probst (S. 30): veraltete Schreibweise von Propst: lat. = praepositus „Vorgesetzter"; Leiter der äußeren Angelegenheiten eines Kapitels od. Stifts (Dom-, Stift-).

Dreimastbark (S. 41): kleines Segelschiff mit mindestens drei Masten.

Lenin-Akademie (S. 43): Renommier-Universität in Moskau.

Papirossi (S. 43): selbst gedrehte russische Billigzigaretten.

ZK (S. 46): Abk. für Zentralkomitee; Führungsgremium in kommunistischen od. sozialistischen Parteien.

Pötte (S. 49): hier: norddt. Ausdruck für Schiffe. Grundbedeutung des Wortes „Pott" = rund, angeschwollen.

Heuer (S. 52): Bezahlung, Gehalt der Seeleute.

Schoten (S. 59): Tau zum Segelspannen, Segelleine.

Taue des Besanschots (S. 60): Besan: hinterster Mast eines Segelschiffes.

Gangway (S. 61): engl.: Durchgang; Laufsteg zum Schiff oder Flugzeug.

Trenchcoat (S. 63): engl.: „Schützengrabenmantel"; trench: Grube, Rinne od. Schützengraben; Regenmantel aus Popeline, häufig mit einem warmen Futter versehen.

Dogma (S. 65): griech.: Meinung, Verordnung, Lehrsatz; Glaubenssatz.

klarieren (S. 70): Beim Ein- od. Ausfahren eines Schiffes die Zollformalitäten erledigen.

Guinnessplakat (S. 71): Guinness = irische Biersorte.

Hull (S. 71): Stadt am Rande des nord-östl. Industriegebiets in England.

Delfzijl (S. 71): Kleinstadt in Holland.

phantomhafter (S .71): Phantom: Trugbild, gespenstische Erscheinung.

Zarah Leander (S. 74): dt. Sängerin und Schauspielerin schwedischer Herkunft (1907–1981).

Schatzinsel (S. 81): Jugendroman *Die Schatzinsel* von Robert L. Stevenson (1850–1904).

Moby Dick (S. 81): berühmter Walfängerroman des amerik. Schriftstellers Herman Melville (1819–1891).

Bengalen (S. 82): Golf zwischen Indien und dem ehem. Burma (heute: Myanmar).

Chittagong (S. 82): Stadt am Golf von Bengalen.

Sansibar (S. 82):	Trauminsel des Jungen; die Insel Sansibar liegt vor der Ostküste Tansanias (Afrika).
Nantucket (S. 82):	Insel an der Nordostküste der USA.
Doberan (S. 86):	Seebad an der mecklenburgischen Ostseeküste.
Haff (S. 86):	durch eine Nehrung (schmale Landzunge) vom offenen Meer getrennter Küstensee.
Chrysoprasgrün (S. 104):	apfelgrün.
Guillotine (S. 116):	aus der franz. Revolution bekannte Hinrichtungsmaschine, Fallbeil; auch die Hinrichtungsstätte selbst.
Rezitativ (S. 122):	Sprechgesang in der Oper; auch als Einleitung einer Arie; ital.: recitativo = Sprechgesang.
Dollen (S. 123):	gabelförmige, drehbare Vorrichtung am Ruderboot zum Halten der Riemen = Ruder.
Tjalk (S. 133):	einmastiges Küstenfahrzeug.
Pantomime (S. 141):	griech.: pantomimos = alles nachahmend; Bühnenstück, das ohne Worte, nur durch Gebärden, Mienenspiel und Bewegung dargestellt wird; Künstler, der Pantomimen darstellt.
Priel (S. 143):	norddt: schmaler Wasserlauf im Watt.
Lille (S. 147):	Industriestadt in Nordfrankreich.

Etappenschweine
(S. 147):   Soldatenspruch für Drückeberger hinter der Front.

Askese (S. 148):   griech.: askein „üben"; streng enthaltsamer Lebensstil, Bußübung, um Begierden abzutöten od. Laster zu überwinden.

Fjord (S. 148):   skand.: schmaler, tief ins Festland eindringender Meeresarm.

Ulster (S. 155):   zweireihiger Herrenmantel aus schwerem Stoff.

2.6   Stil und Sprache

„Andersch geht es um das Aufzeigen der Isolierung des Menschen durch eine Atmosphäre der Gewalt, des Verbrechens, des Verrats, des Misstrauens. Dies drückt er in der gesamtsprachlichen Haltung des Romans aus, wobei es ihm weniger um die Sprechweise der Personen geht – wie beispielsweise das ‚Singsang-Platt' des Jungen – als um die soziologische Funktion der Sprache. Dennoch charakterisiert er die Einzelnen dadurch, dass ihre Sprache einen eigenen Charakter hat. Helander spricht die Sprache der Bourgeoisie, desgleichen Judiths Mutter. Ihnen gegenüber steht Knudsen, der sich ‚hinter seinen Sprüchen verschanzt', der ‚die Schnauze voll hat' und geradewegs so redet, wie es ihm ums Herz ist. Gregors

die soziologische Funktion der Sprache

Sprache wiederum zeichnet sich teils durch Direktheit, teils durch Reserviertheit aus. Er spricht die ‚trockene' Sprache des geschulten Funktionärs, für den es ‚nur Feststellungen' gibt, keine Gefühle, keine Zufälle. Alfred Andersch zeigt eine gewisse scheinbare sprachliche Lässigkeit, die der Umgangssprache eigen ist. In Wirklichkeit jedoch ist der Roman überaus kunstvoll gestaltet, auch von der Sprache her gesehen. Es sei an dieser Stelle auf eine Besonderheit aufmerksam gemacht. Es handelt sich um die in diesem Roman besonders häufig verwandte unscheinbare kleine Form ‚dachte er' (bzw. eine andere mit Pronomen oder Namen benannte dritte Person). Dieser kleine Satz, seit alters in Epik anzutreffen, hat dennoch hier in der Art, wie er gesetzt ist, zwischengeschoben, weit mehr als nur die bloße Funktion der Ankündigung von bestimmten Gedanken. Die Form ‚dachte er' betont ausdrücklicher als die erlebte Rede, die unvermerkt in die Innensphäre überführt, den Wechsel des

*Außen und Innen. Um dies als derartige Erzählform noch präg-
nanter heraustreten zu lassen, sei ein vergleichender Blick auf
einen berühmten englischen Roman geworfen, Virginia Woolfs
Mrs. Dalloway, wo die Funktion dieses Sätzchens sowohl für
die Darstellung des Äußeren, in dem der Mensch in irgend-
einem gesellschaftlichen-sozialen Zusammenhang steht, wichtig
ist, als auch des Inneren, wo er trotzdem allein sein kann, so
allein und einsam, dass der äußere soziale Zusammenhang zer-
stört werden und der Mensch Selbstmord begehen kann. Die
Verwandtschaft der Erzählform des so viel jüngeren deutschen
Romans mit dem englischen braucht keineswegs auf einem di-
rekten Einfluss zu beruhen. Schon deshalb nicht, weil dennoch
die Gestaltungstendenz beider völlig verschieden ist. Bei Virginia Woolf ist es vornehmlich der abwechselnde Rhythmus von
Dialog und innerem, meist durch den Satz ‚he thought' eingelei-
teten Monolog, der als Gestaltungsziel und Sinn des kleinen
Romans die doppelte Situation herstellt, die die Existenz-
situation des Menschen als solchem ist: zugleich ein soziales
und ein einzelnes Wesen zu sein, das Zentrum sowohl eines
äußeren wie eines inneren Lebenszusammenhangs. Bei Alfred
Andersch geht es um die Isolierung des Menschen. Und obwohl
das Gespräch, die Verständigung nicht fehlt, so ist der vorherr-
schende Zug des Romans die Vereinzelung, das Auf-sich-selbst-
Zurückgeworfensein, die Aufhebung der sozialen Gemeinschaft,
deren Wiederherstellung dann erst mühsam wieder erworben
werden kann.*"[30]

Wie schon erwähnt wechseln sich innerer Monolog und erlebte Rede ständig ab, was einem Wechsel von Aktion und Refle-

---

30 Käte Hamburger: *Erzählformen des modernen Romans*, in: *Der Deutschunterricht*, Jg. 11, 1959,
H. 4, S. 5/23

xion entspricht. Durch diesen Wechsel wird der Erkenntnis- und Willens-
weg der Agierenden gering gehalten.

Monolog und erlebte Rede
alternieren

Da Andersch meint, dass dieser Weg im Augenblick des
Handelns für den Handelnden ein Hindernis sei, wird er in
die erlebte Rede bzw. den inneren Monolog integriert. An
dieser Stelle schaltet sich der auktoriale Erzähler ein, der den
Übergang bzw. die Art des Übergangs übernimmt. Die Reihenfolge des Erzählten kann dann sein:

Gefühlsbereich – Erkenntnisbereich – Handlungsbereich

oder

Gefühlsbereich – Handlungsbereich – Erkenntnisbereich

Hrair Pischdovdijan schreibt dazu:

*„Dass die Darstellungsform der erlebten Rede auf die innere,
tiefere Schicht des menschlichen Bewusstseins hinweist, und
dass dieses seinerseits mit dem Handlungsbereich des menschlichen Handelns korrespondiert, dürfte der Aussage des Romans,
der Forderung nach der Spontaneität, entsprechen. Die erlebte
Rede in Sansibar weist aber eine besondere Eigentümlichkeit
auf, die im Zusammenhang mit dem dichterischen Menschenbild dieses Romans nicht unberücksichtigt bleiben darf. Diese
Eigentümlichkeit ist dadurch bedingt, dass Anderschs erlebte
Rede, indem sie sich dermaßen eng in der Nähe der auktorialen
Erzählsituation bewegen muss, die Aufgabe übernimmt, auch
Erkenntnisvorgänge darzustellen. Dasselbe gilt natürlich auch
für die inneren Monologe, die in diesem Roman vorkommen.*

> *Auch diese verraten gewissermaßen formulierte, bis zu Erkennt-*
> *nis gereifte Gedanken.*"[31]

Folgendes Beispiel soll das oben Gesagte veranschaulichen:

> *„… und plötzlich wußte der Pfarrer, warum er sich entschlossen*
> *hatte, zu schießen. Er hatte sich entschlossen zu schießen, weil*
> *die Salve aus seiner Trommelpistole die Starre und Trostlosig-*
> *keit der Welt durchbrechen würde. In den Feuerstößen aus*
> *seiner Pistole würde die Welt für die Dauer von Sekunden-*
> *bruchteilen lebendig werden. Wie dumm von mir, dachte der*
> *Pfarrer, zu denken ich schösse, um Gott zu züchtigen. Gott läßt*
> *mich schießen, weil er das Leben liebt.*" (S. 155)

Die sprachliche Gestaltung des Gedankenberichts durch
Überlappungen, die auch an unserem Beispiel festzustellen
sind, und die, wie Burgauner erkannt hat, „das Kreisende der
Gedanken"[32] sowie das Bestreben nach Präzisierung durch
Wiederholen und damit den gesamten Erkenntnisvorgang ausdrückt, muss in ihrer funktionalen Bedeutung bei der Entwicklung und Reifung eines Erkenntnisprozesses gesehen werden. Auf diese Weise scheinen die sprachlich-technischen
Erzählmittel, welche Andersch in *Sansibar oder der letzte Grund*
verwenden, auf weltanschaulicher Ebene diesem Roman zu
entsprechen, der die Reifung eines Erkenntnisprozesses und
das Handeln nach dieser Erkenntnis, welche zur Freiheit
führt, zum Inhalt hat.

---

31 Hrair Pischdovdijan: *Menschenbild und Erzähltechnik in Alfred Anderschs Werken*, Zürich 1978,
    S. 85
32 Christoph Burgauner: *Zur Romankunst Alfred Anderschs*, Olten–Freiburg 1965, S. 430

In einem Aufsatz über den italienischen Schriftsteller Vittorini schreibt Andersch 1959, es gebe in Deutschland einen „vulgären Ästhetizismus", der jegliche Beziehung des Künstlers zur Gesellschaft, in der er lebt, und zu seinem Gewissen und die ganzen Fermate von Form zu Inhalt frech in Abrede stelle.[33] Andersch sieht sich dagegen als engagierter Schriftsteller, der es vermag – wie es Werner Weber ausdrückt – „die Sprache ... auf die beschwörende Knappheit zu beschränken, als Handwerker, als Techniker – so unerbittlich wie neugierig darauf aus, für jeden Stoff, für jede Motivgruppe das gehörige Satztempo zu finden."[34] Episch breit, ausladend oft, wird der Satzbau bei Zustands- und Vorgangsbeschreibungen.

> Bild- und Zeichenhaftigkeit der Romansprache

Ähnlich gestaltet ist der Satzbau bei den Personenbeschreibungen, z. B. Helanders und Knudsens. Immer wieder versucht Andersch, seinen Satzbau der jeweils geschilderten Realität anzugleichen, d. h. Einheiten (wie z. B. das Anlegen des schwedischen Schiffes) in möglichst einem einzigen Satz zusammenzuraffen und Zaudern, Angst, Überlegungen in kürzeren, zum Teil sogar Ein-Wort-Sätzen widerzuspiegeln. – Die konventions- und ideologiebestimmte Welt Helanders und Gregors ist in geschickt formulierten Streitgesprächen dargestellt (vergl. die Kapitel 18 und 20), und die Würde des Leidens kommt in der manchmal hitzigen, meist aber überlegenen Sprachhaltung Helanders zum Ausdruck.

In seinem *Porträt Alfred Andersch 1962* schreibt Max Bense: „Die Narration wird zu einer Polytechnik der Sprache, in der rhapsodische Momente mit reflektierenden und diskursiven verschmelzen."[35] In demselben Porträt heißt es weiter: Da Andersch in der Gegenwart und für die Gegenwart schreibe,

---

33 Alfred Andersch in: Werner Weber, *Über Alfred Andersch*, Zürich 1968, S. 23
34 Werner Weber, S. 25
35 Max Bense in: Gerd Haffmanns (Hrsg.), *Über Alfred Andersch*, Zürich ²1980, S. 32

sei sein Wortschatz „nie als abgeschlossen anzusehen, vielmehr als beständig offen".[36] Sein Sprachverhalten spiegelt – so könne man sagen – in gewisser Hinsicht den restringierten Code unserer Gegenwart, die weit gehend durch die Bilder-Medien geprägt ist. Entsprechend der „restringierten" Sprachhaltung wird auch die Zeichensetzung scheinbar willkürlich gehandhabt.

Andersch benutzt in seinem Roman *Sansibar oder der letzte Grund* relativ wenig auffällige Stilmittel. Im Wesentlichen sind es sprachliche Bilder, Wortfiguren und Satzfiguren, hier häufig Aposiopesen (Satz- bzw. Redeabbrüche) und Ellipsen, Worthäufungen und ungewöhnliche Wortstellungen.

Beispiele:

„Immer sehr direkt, der Herr Pfarrer." (S. 26, Ellipse)

„Der Dorsch ..." (S. 68, Aposiopese)

„Er steht nun einmal auf der Liste, und wir haben den Auftrag ..." (S. 28, Aposiopese)

„Es gab also nur Feststellungen: Kiefernwald, Fahrrad, Straße." (S. 8, Worthäufung)

„Jetzt bin ich der Fisch, dachte Knudsen, der Fisch an der Angel." (S. 16, Wortstellung)

---

36 Ebd., S. 19 ff.

2.7 Interpretationsansätze

Als Andersch Anfang 1976 sein Gedicht *Artikel 3* schrieb, wurde er in der Presse heftig angegriffen.[37] Andersch antwortete, dass sein Werk aus gewissen historischen Erfahrungen komme und sich hoffentlich auf Erfahrungen anderer auswirken werde. Dies wurde von anderen kritischen Autoren aufgegriffen. *Sansibar* ist, so schreibt Helmut Heißenbüttel,

„... zunächst die Geschichte eines Widerstandes gegen das nationalsozialistische Regime. Ein politischer Roman also, eine Mahnung an das, was allzu schnell vergessen worden ist. Ein politischer Roman – aber was heißt Politik? Heißt das Parteipolitik, Widerstand gegen das faschistische Regierungssystem, Politik von Staaten und Regierungen untereinander? Oder hat Politik die Sorge von Staaten und Politik untereinander? Oder hat Politik die Sorge um ein menschenwürdiges, gerechtes Zusammenleben der Menschen ohne Zwang, Terror und Unterdrückung zum Inhalt?

Das Regime, das das Geschehen auslöst, erscheint in dem Roman (abgesehen von den schwarzen Limousinen und den gesichtslosen Gestapo-Uniformen am Schluss) nicht selber, es wird deutlich in den Wirkungen, die es in einer kleinen, typischen, menschlichen Gemeinschaft, in einer kleinen Gruppe von Betroffenen ausübt. Es wird sichtbar als etwas, das die Mitglieder menschlicher Gesellschaft ausweglos zu Mitläufern oder Feinden, Opponenten

> Sansibar oder der letzte Grund – ein Spiegel menschlichen Verhaltens

und Opfern degradiert. In dieser Degradierung verödet das Leben des Einzelnen wie das der Gesellschaft. Die Stimmung dieser Verödung ist es, die, gleichsam lautlos geschildert, als Aus-

---

37 Reinhardt Stumm in: Gerd Haffmanns (Hrsg.), *Über Alfred Andersch*, Zürich ²1980, S. 236

gangssituation des Romans die Handlung wie von selbst hervortreten lässt. Dies fast unmerkliche Hervortreten der Handlung ist vielleicht das Eindrucksvollste an dem Roman. Dadurch aber, dass nur der Ausdruck des Regimes auf die noch nicht Infizierten geschildert wird, zeigt sich etwas, das durch die äußere politische Ebene hindurch greift auf etwas, das dahinter liegt."[38]

Damit wird der Roman zum Spiegel menschlichen Verhaltens nicht nur des Jahres 1937, sondern ebenso des Jahres 1957, eines Verhaltens, das seinen Sinn in der Besinnung auf das Grundlegende erfährt.

Arno Schmidt fasst die Grundtendenz und Absicht des Romans scharfzüngig zusammen:

„Eine sachlich unwiderlegbare Anklage gegen Deutschland. Eine Warnung an alle, die es angeht. Unterricht in (ja, fast Anleitung zur) Flucht als Protest. Vorzeichen einer neuerlich nur durch ein Wunder noch aufzuhaltenden Emigration aller Geistigkeit (aber wohin heute?!). Ein Misstrauensvotum ersten Ranges gegen unser behäbiges, aufgeblasenes Volk der Mitte."[39]

———

Ein Schlüssel zum sprachphilosophischen Verständnis des Romans ist die Aussage Helanders über die Gestapo-Leute:

„... sie kamen leise und wollten leise und wortlos verhaften, sie selbst besaßen keine Sprache und sie haßten nichts mehr als die Sprache derer, die sie verhafteten. Ihr Haß auf die Sprache war der Grund, warum sie ihre eigene Stummheit nicht anders erlösen konnten als in den Schreien der Gefolterten." (S. 154)

---

38 Helmut Heißenbüttel in: Gerd Haffmanns (Hrsg.), S. 84
39 Arno Schmidt in: Gerd Haffmanns (Hrsg.), S. 90

Zwischen den Nationalsozialisten und ihren Gegnern gab es keine Kommunikation.

Welche Bedeutung kommt bei diesem Kommunikationsmangel der Sprache zu, dem Miteinanderreden? Wichtig ist zunächst, dass Sprache primär etwas Gesprochenes ist. Miteinander reden heißt miteinander handeln, es heißt aber auch: die gleichen Codices benutzen. Die Gestapo und der Priester können sich nicht verständigen und verstehen, weil ihre beiden Sprachen zudem in einem anderen Kontext stehen: Der Kontext des Nationalsozialismus ist Herrenrasse, Vernichtung lebensunwürdigen Lebens, Verachtung des Nichtariers, Missachtung der Menschenrechte, Verherrlichung des Staates, Führerhörigkeit; der Kontext Helanders ist menschliche Würde und menschliches Leid. Auch die „Anderen" wissen um die Sprache, aber ihre Sprachkompetenz beschränkt sich auf die Fähigkeit, ihre eigene Sprache – besser, die ihnen eigene Sprache – zu sprechen und zu verstehen; sie können nicht wissen, wie sie z. B. Helanders Sprache zu verstehen haben. Sprache spiegelt den Geist bzw. Nicht-Geist dessen, der sie spricht.[40]

———

Andersch bekannte sich ausdrücklich zum Existenzialismus Sartres. In dem Gedicht *Andererseits,* das in den 70er Jahren entstand (aus: *empört euch der Himmel ist blau,* Zürich 1977, S. 103), schrieb er:

„*von allen schriftstellern
meiner zeit
derjenige der mich*

am Denken Jean-Paul Sartres
orientiert

---

40 Zum Komplex der Gebrauchssprache vgl. u. a. Günther Grewendorf/Georg Meggle: *Linguistik und Philosophie,* Frankfurt a. M. 1974

> *am stärksten*
> *bewegt hat*
> *ich liebe sartre"*

„Schon 1947 hatte er in der ‚Neuen Zeitung', auf einen Aufsatz des Neu-Kantianers Julius Ebbinghaus antwortend, den Existenzialismus gegen den Nihilismus-Vorwurf verteidigt, dies unter Hinweis auf Sartres programmatischen Titel, nach dem der Existenzialismus ein ‚Humanismus' sei. Er konzediert, dass er als ‚Modellphilosophie' erscheine, aber doch nur in dem Sinne, dass er seine erregende Aktualität aus dem apokalyptischen Zustand dieser Zeit beziehe. Was ihm an Existenzialismus außer dem Axiom des Zwangs zur individuellen (Freiheits-)Entscheidung so fasziniert, ist das Angebot, jenseits aller Ideologie zu stehen. Die Bedeutung des Existenzialismus zeigt sich auch darin, dass er durch alle Lager hindurch wirkt, es gibt einen glaubenslosen und einen christlichen Existenzialismus, genau so, wie sich ein marxistischer denken ließe. "[41]

Es scheint, dass Andersch den im Roman gebrauchten Begriff der „Anderen" von Sartre übernommen hat, so wie er auch – allerdings nicht in *Sansibar* – Sartres Begriff der Faktizität und Transzendenz benutzt. Faktizität und Transzendenz sind die Gegenpole im menschlichen Leben. Faktizität bezeichnet das Moment des Festgelegtseins. Dazu gehört z. B. die Tatsache, dass Judith Jüdin ist, welche Begabung Gregor hat, aber auch wie sich beide verwirklicht haben, was sie getan haben, kurz: womit sie sich selber festgelegt haben. Transzendenz ist das Vermögen, sich eigene Möglichkeiten zu entwerfen, zu wählen und zu verwirklichen. Weshalb nennt Sartre das Transzendenz?

---

41 Erhard Schütz: *Alfred Andersch*, München 1980, S. 28

> *„Weil ich durch dieses Vermögen nicht ein für allemal auf ein bestimmtes Sein festgelegt bin, sondern jeweils mein Sein überschreite, nämlich im Entwurf, den ich vollziehe, bilde. Einem Ding kommt keine Transzendenz zu, es kann nicht seinen gegenwärtigen Zustand übersteigen, es hat nicht die Möglichkeit, sich zu sich selbst zu verhalten."*[42]

Der „Andere" im Sartre'schen Sinne ist die größte Gefahr der Transzendenz. Dies erkennen Gregor und Helander ganz klar. Indem der „Andere" eine Neuordnung der Dinge, etwa des Staates, vollzieht, entzieht er dem Einzelnen seine Welt und macht ihn von sich (dem „Anderen") abhängig. Knudsen hat dies in der Szene geahnt, als er nach der „Machtergreifung" dem Pfarrer begegnete (S. 27).

> Die Macht der „Anderen" – Gefahr für die Transzendenz

Wie aber vermag sich der Einzelne der Macht des „Anderen" zu entziehen? Seine Transzendenz wiederzugewinnen? Sartre antwortet:

> *„Indem ich mir meiner Spontaneität, meiner Freiheit bewusst werde, indem ich mir dessen bewusst werde, dass ich einen Spielraum von Möglichkeiten besitze, indem ich mich auf eine selbst gewählte Möglichkeit entwerfe. Sobald ich das tue, wandelt sich das Verhältnis. Nicht mehr der Andere ist es, der die Verantwortung für mein Sein trägt, sondern ich selbst."*[43]

Für den Jungen ist das Ergebnis seiner Spontaneität zuerst die Erwägung einer Flucht nach Sansibar, dann kehrt er aus freiem Entschluss zu Knudsen zurück. Gregor wählt zuerst die Flucht ins Ausland, bleibt dann aber in Deutschland. Knudsens Entscheidung fällt so aus, dass er bei seiner Frau bleibt: Die Faktizität hat ihn im Griff. Ebenso ist Judith festge-

---

42 Walter Biemel: *Jean-Paul Sartre in Selbstzeugnissen und Bilddokumenten*, Reinbek b. Hamburg 1974, S. 49
43 Ebd., S. 51

legt, deren Faktizität u. a. auch in der Abhängigkeit vom Willen Gregors besteht, sie nach Schweden zu bringen. Helander wiederum entscheidet sich für den Freitod, um so die durch die Anderen bewirkte Faktizität zu überwinden (vgl. Gedicht Dylan Thomas', das dem Roman vorangestellt ist).

———

Andersch sagte einmal: „... (ich) weiß ... nicht einmal genau, ob es Gott gibt, aber ich habe immer zu ihm gebetet. Zwischen den Häusern von Vejano habe ich gebetet: ‚Laß mich zu Dir in die Wildnis entkommen! Hilf mir! Laß mich allein sein mit Dir.'" (Zitiert nach: Werner Weber, S. 18)
Und Helander, der Pastor, erkennt, „daß er sich ... im Aufstand gegen Gott" befindet (S. 153). Er glaubt zu wissen, „daß Gott fern" ist (S. 153). Die Kirche ist für ihn zu einem „echolosen Raum" geworden, „seitdem Gott sich entfernt hatte" (S. 96). Gott ist zu einem „fernen, hohen Herrn" (S. 153), einem „deus absconditus" (S. 99) geworden. Er ist abwesend und lebt in der größten überhaupt denkbaren Ferne (S. 97) zum Menschen. In der Person Helanders, in der Andersch Züge seines Vaters und den protestantischen Pfarrers seiner Kindheit, Kreppel, vereinigt, spiegelt sich „die Lehre des großen Kirchenmannes aus der Schweiz, der Helander anhing" (S. 97), nämlich Karl Barths. Nach dessen Meinung ist der Mensch ein Sünder, während allein Gott heilig ist. Zwischen beiden besteht eine Diskontinuität von Glauben und Denken. Gott ist unabhängig vom Menschen, und Barth sieht die katholische Lehre von der ‚analogia entis' als die größte Ketzerei an. Gottes Wort, d. h. letztlich Gott, ist dem Menschen nur erkennbar, indem er (Gott) sich erkennbar macht. Deshalb wartet Helander lange Zeit vergeblich auf die Schrift an der

Wand, die sich erst bei seinem Tod zeigt. Erst im Tode vollzieht Helander den Akt seiner Selbstbestimmung. Gottes Sein ist mit dem Leben identisch, und so denkt denn auch der Pfarrer, indem er stirbt: „Ich bin lebendig" (S. 156). Letztlich ist Helanders Gottesproblem ein Gnadenproblem. Gottes Wahl ist Gnadenwahl. Helander wehrt sich dagegen, die ihm von Gott zugeteilte Rolle anzunehmen, und hadert daher mit ihm, er wehrt sich gegen seine Prädestination. Er sieht nicht ein, dass er zu dem werden muss, wozu ihn Gott bestimmt hat, nämlich zum Märtyrer. Dass es aber noch dazu kommt, dass er seines Glaubens wegen stirbt, ist nicht Helanders Verdienst, sondern Gnade Gottes.

Glaube an die Bestimmtheit des Lebens durch Gott

Gregor sieht das Problem der Prädestination und der Gnade anders und bezeichnet es mit dem Begriff des „Zufalls". Er schreibt Gott allein eine Willensfreiheit zu. Auch Gregor ist letztlich nicht – wie er es an manchen Stellen vorher zu sein scheint – Fatalist, der überzeugt ist, dass alles Geschehen in Natur und Gesellschaft einer blinden Notwendigkeit unterliegt, sondern in ihm glimmt noch ein Funke Glaube an das Bestimmtsein des menschlichen Lebens durch Gott bzw. durch dessen freie Gnadenherrschaft (im Sinne Karl Barths), die er allerdings als „Zufall" interpretiert. Gott macht das an sich Unmögliche immer wieder möglich: Es geschieht aber in Gemeinschaft zwischen Gott und Mensch. Und wenn Judith vorher sagt: „Ich weiß nicht, ob ich an irgendetwas glaube. An Gott schon" (S. 107), so erfährt auch sie im Augenblick der Rettung, „wie sie auf einmal ganz laut das Wort ‚danke' sagte" (S. 131), das göttliche Eingreifen und damit die „analogia fidei" als Gnade.[44]

44 „analogia fidei" (lat.) = „Gleiches für Treue". Der gesamte hier angeschnittene Gedankenzusammenhang ist sehr komplex; er verdient im Unterricht ausführlicher gewürdigt zu werden. Dazu ist es erforderlich, sich in das Denken Karl Barths (1886–1968) genauer einzulesen.

3.   Themen und Aufgaben

Im Vorwort wurde darauf hingewiesen, dass sich aus dem Roman *Sansibar oder der letzte Grund* mühelos Aufgabenstellungen zum „produktiven Umgang mit Texten" herleiten lassen. Uns erscheint das deshalb zutreffend, weil der Roman Personen in Beziehungen bringt, die sehr unterschiedliche Erfahrungen, Lebenseinstellungen und Biografien besitzen. Allein auf der Ebene ‚biografischer Rekonstruktionen' zu den Figuren des Romans lässt sich ein breites Spektrum an Themen und Aufgaben gewinnen. Das klingt nach einer Vorgehensweise, die sich aus Achtung vor dem sprachlich-literarischen Kunstwerk eigentlich von selbst verbieten müsste. Anderschs Roman als ‚Steinbruch' für dilettierende Schreibversuche? Einem solchen Verdacht möchten wir sogleich widersprechen. Es ist nicht daran gedacht, den Roman primitiv auszuschlachten, um ein paar Schreibaufgaben formulieren zu können. Wir werden in unseren Anregungen jedoch auf analytische Themen verzichten zu Gunsten solcher, die ein kreatives Ausspinnen von Ideen entlang dem Roman zulassen. Dabei beschränken wir uns auf die Hauptfiguren, zu denen und aus deren Blickfeld ‚Textergänzungen' angeregt werden. Sie sollen den Lernenden ermöglichen, auf schöpferische Weise intensiver in den Roman einzudringen.

Zuvor möchten wir aber einige Ideen G. Waldmanns stichwortartig vortragen, um dem Leser noch weitere Möglichkeiten anzudeuten:[45]

– **Visuelle Konkretisation von Texten**, z. B. Herstellen eines Umschlagbildes, einer Werbeanzeige   oder eines Werbeplakats für einen literarischen Text.

---

45 Vgl. Günter Waldmann: *Produktiver Umgang mit Literatur*, Baltmannsweiler ²1999, S. 73 ff.

- **Veränderung von Zeit oder Ort**, z. B. Transponieren der Handlung in eine frühere Zeit; Vergangenheit oder Gegenwart.
- **Veränderung der Sprachform**, z. B. Verwandeln der Erzählerrede in Figurenrede; Übersetzen in Umgangssprache, in Dialekt, in Jugend-, Subkultur- oder Szene-Sprache (Verfremdungseffekt).
- **Produktive Darstellung des Gesamtverständnisses von Texten**, z. B. Schreiben von Anhängen zu einem Erzähltext; Zusammenstellung von Äußerungen des Autors/ der Kritik.
- **Schreiben von Gegentexten**, z. B. Schreiben eines gegenläufigen „Zweiten Teils", eines Erzählabschnittes.

Im Wissen darum, dass G. Waldmann heftig jeder Beliebigkeit im Formulieren von Aufgaben zum „produktiven Umgang mit Texten" entgegenarbeitet[46], wagen wir uns mit folgenden Vorschlägen nach vorn. Wir hoffen, dass sie nicht nur diskussionswert sind, sondern von den Lesern (Schülerinnen, Schülern und Unterrichtenden) genutzt und ausprobiert werden. Sie wollen lediglich anregen und ermutigen:

---

46 G. Waldmann bietet einen breiten Vorschlagkatalog an, zu dem er ausführt: „Ich würde lieber zunächst herausstellen, dass jemand, der für bestimmte Absichten mit einem bestimmten Text einen ganz bestimmten produktiven Zugriff sucht, jetzt doppelt so viele Chancen hat, ihn zu finden. Doch will ich mich nicht so stellen, als ob ich die weit gefächerten Möglichkeiten falscher Benutzung eines solchen Katalogs nicht sähe. Doch bestehen sie generell und ganz unabhängig vom Katalog. Erfreulicherweise haben produktive Verfahren in der Schule inzwischen einige Verbreitung erfahren und sind manchmal sogar behördlich verordnet. Wenn ich aber höre, wie und wozu sie da manchmal verwendet werden, bin ich ziemlich unvergnügt." - Vgl. Günter Waldmann, S. 62.
Wir gehen davon aus, dass es die Alternative zwischen ‚richtigen' oder ‚falschen' produktiven Verfahren nicht gibt, weil in unserem Verständnis bereits jeder darstellungsorientierte Ansatz, der sich von der bloßen Kopie einer Textvorlage entfernt, ein Produktivansatz ist.

Der Junge:

Schreiben Sie seine **Lebensgeschichte** bis zu dem Zeitpunkt, da der Junge aus seinem Heimatort fort möchte.
Wie ist er aufgewachsen?
Was hat er in der Schule erlebt?
Welche Erlebnisse hatte er mit seinen Freunden?
Was hat er zu Hause erlebt?

Er vertraut seinem **Tagebuch** an, was ihn bewegt, wovon er träumt, welche Wünsche und Ängste er hat.

Jahre später **erzählt** er von der Aktion, an der er als Junge beteiligt war **(Ich-Erzähler)**.

Lesen Sie die Textteile „Der Junge" genau nach, damit Sie möglichst viele Details aus seinem Leben versammeln können.

Judith:

Schreiben Sie das **Abschiedsgespräch** zwischen dem Mädchen und seiner Mutter als ‚Dialog'.

Erzählen Sie in der **Ich-Form** eine Episode aus dem Leben des Mädchens nach 1933.

Schildern Sie einen typischen **Tagesablauf** des Mädchens und seiner Familie aus den Jahren, als sie sich noch sicher fühlen durften.

Judith schreibt viele Jahre nach den Ereignissen einen **Brief an Georg**.

Halten Sie sich vor Augen, dass Judith aus einer gut situierten Familie stammt. Ihre Erwartungen an die Zukunft waren deshalb hoch.

Gregor:

*Schreiben Sie den **Anfang zu einer Erzählung** über Gregor, als er aus dem Krim-Manöver zurückkehrt und seine (inzwischen verhaftete) Freundin Franziska nicht mehr antrifft.*

*Schreiben Sie einen **Monolog**, in dem der junge kommunistische Funktionär „umzudenken" beginnt.*

*Die Begegnung mit den Menschen in Rerik (Helander, Judith) lenkt Gregor auf sich selbst. Ergänzen Sie ein **Romankapitel**, in dem Gregor und Judith einander ihre Zuneigung gestehen. – Entwerfen Sie darin einen zentralen **Dialog**, in dem beide gemeinsame ‚Zukunftspläne' entwerfen.*

Es sollte nicht übersehen werden, dass Gregor eine allmähliche Wandlung durchmacht.

Knudsen:

*Nach seiner Rückkehr von der Rettungsaktion wird Knudsen verhaftet. Schreiben Sie ein **Plädoyer** für seine ‚Unschuld' vor dem Hintergrund seiner Motive und Überzeugungen.*

Bedenken Sie, dass Knudsen ein überzeugter Kommunist ist; allein dies wäre Grund für die „Anderen", ihn ins KZ zu bringen. – Was könnte ihn retten?

Helander:

*Helander ist ein zweifelnder Christ. Versetzen Sie sich in die folgenden **Lebenssituationen** des Pfarrers: Verwundung – Tod seiner Frau – Verlust eines sehr guten Freundes, der sich unerwartet in den Dienst der „Anderen" gestellt hat. –*

Bitte entwerfen Sie

*einen **Brief** aus dem Hospital, den Helander an seine Frau schreibt und in dem er trotz allem nach der Beinamputation an eine Zukunft glaubt;*

*eine (nie gehaltene) **Predigt**, in der Helander nach dem Tod seiner Frau das Kanzelamt aufgeben will;*

*ein **Gespräch** der ‚Freunde', in dem sich ihre Wege trennen.*

In allen Beiträgen sollten die Zweifel und die Glaubensstärke Helanders hörbar werden.

4.   Rezeptionsgeschichte

Sansibar oder der letzte Grund ist (zum Glück) nicht nur als Schullektüre bekannt geworden. Der Roman hat in der ganzen Welt auch Leser gefunden, die ihn nicht als Pflichtlektüre vorgesetzt bekommen. Er ist ein ‚deutscher' Roman, so deutsch wie Siegfried Lenz' *Die Deutschstunde* oder Walter Kempowskis autobiografische Rostock-Romane. In diesem Kapitel ordnen wir den Roman und den Autor in ein Stück deutscher Literaturgeschichte ein. Diese Einordnung erfolgt in wertenden Zitaten aus Büchern von Autoren, die Anderschs Werk gut kennen (H.-P. Franke, W. Hinderer, B. Jendricke) und mit ihm persönlich lange Jahre befreundet waren (H. W. Richter).

(1) *„Eine Grundfrage, der die erzählerische Wirklichkeitserkundung im Roman gilt, ist die nach dem Verhältnis von überwundener Diktatur und neuer demokratischer Gesellschaft. War das Jahr 1945 wirklich eine eindeutige Wende, oder wird Vergangenheit unbewältigt mitgeschleppt, zukünftige Entwicklung belastend? – Nicht wenige Romane dieser Zeit sind Zeugnis der Skepsis und der Enttäuschung, in die, angesichts der ‚Restauration' in Westdeutschland, die Hoffnungen auf einen radikalen Neubeginn nach 1945 gemündet waren. Zur Leitfigur wird der Außenseiter. In ihm verkörpern sich kritische Distanz, das Bewusstsein politischer Ohnmacht, aber auch die Hoffnung, dass Humanität sich wenigstens in der Isolierung von einer als inhuman erlebten Gesellschaft individuell verwirklichen kann. Die Romane von Wolfgang Koeppen, Heinrich Böll, Alfred Andersch, Günter Grass sind exemp-*

positive humane Gegenmodelle zu einer in Frage gestellten Realität

larisch für eine Literatur, die in Opposition zur restaurativen

*Wohlstandsgesellschaft steht, sich aber ideologisch-programma-
tischen Festlegungen entzieht und ihre kritische Position außer-
halb jeder politischen Gruppierung und Parteiung behauptet.
Die nonkonformistische Literatur der 50er Jahre lässt sich ihrem eigenen Selbstverständnis nach als eine Literatur bestimmen, die die Tabus einer restaurativ erstarrenden Gesellschaft
verletzt und in Frage stellt – von einem Standpunkt aus, der
sich von ideologischen Verengungen freihält. Ihr Realismus besteht darin, dass sie den vom allgemeinen Konsensus getrage-
nen und offiziell erhobenen Anspruch, in der Bundesrepublik
habe sich eine freiheitliche und humane Ordnung verwirklicht,
kritisch an der gesellschaftlichen Realität überprüft. – Die genannten Autoren haben trotz aller Verschiedenheit des erzähle-
rischen Zugriffs auf die gesellschaftliche Wirklichkeit gemeinsam, dass sie dieser Wirklichkeit positive, humane Gegenmodelle
entgegensetzen, deren Verwirklichungsmöglichkeiten sie erzäh-
lend untersuchen. Darin besteht der Moralismus. Alfred Andersch
rückt in den Mittelpunkt seines Erzählens die Frage nach der
Möglichkeit individueller Freiheit und ‚richtigen Lebens‘ jenseits ideologischer und kollektiver Bindungen. In dem autobiografischen Bericht ‚Die Kirschen der Freiheit‘ (1952) und in
dem Roman ‚Sansibar oder der letzte Grund‘ (1957) erscheint
die Desertion als Voraussetzung individueller Selbstfindung und
verantwortlichen Handelns".*[47]

―――――

*(2) „Dem politischen Moment eine epische Form zu geben – so
könnte das Motto lauten für Anderschs ersten Roman. ‚Sansibar oder der letzte Grund‘ war nicht als Fortsetzung der ‚Kirschen der Freiheit‘ konzipiert, doch der Roman knüpft direkt*

---

[47] Hans-Peter Franke u. a.: *Geschichte der deutschen Literatur. Von 1945 bis zur Gegenwart*, Stuttgart 1987, S. 88 f.

an das Thema des autobiografischen Berichts an. Hier wie dort geht es um die Frage eigenverantwortlichen Handelns, in beiden Büchern steht das Problem des Wider- **dem politischen Augenblick eine** *stands gegen Terror und Selbstent-* **epische Form geben** *fremdung im Mittelpunkt. Allerdings hat der Roman gegenüber dem autobiografischen Bericht an sozialer Perspektive gewonnen. Denn nicht die Suche nach der individuell zu verwirklichenden Wildnis der Freiheit, die erlangt werde, wenn man sich aus dem Schicksal der Massen herausfallen lasse, bestimmt das Geschehen. Zentrum des Romans ist vielmehr das Problem solidarischen, für den Mitmenschen verantwortlichen Handelns. Die Modellsituation, in der dies stattfindet, wird geografisch und zeitlich exakt fixiert – die Handlung spielt im Oktober 1937 in einer deutschen Kleinstadt an der Ostküste – doch diese Szenerie ist beispielhaft und überzeitlich gemeint, denn nicht das historisch Bestimmte des deutschen Faschismus gibt den Hintergrund, sondern das existenziell Allgemeine: Die fünf Personen, die Andersch zusammentreffen lässt, werden mit einer, wie Sartre es bezeichnet, ‚äußersten Situation' konfrontiert, mit der ihr Verhalten sowohl über die psychische Existenz als auch über ihr moralisches Weiterleben entscheidet.“*[48]

———

(3) „Andersch versucht in ‚Sansibar oder der letzte Grund', wie die Segmente am Ende des Romans zeigen, den Zusammenbruch aller Werte mit einem neuen **Ausbrechen aus der „Blindheit** *Rezept zu beantworten, dem des ‚Exis-* **der reinen, sich selbst genügen-** *tenzialismus'. Er erreicht hier den* **den Form"** *Punkt, wo die Dämonie des Zwanges*

---

48 Walter Hinderer: *Alfred Andersch. Sansibar oder der letzte Grund,* in: *Interpretationen. Romane des 20. Jahrhunderts,* Bd. 2, Stuttgart 1993, S. 92

zur Entscheidung, des ‚Verdammtseins zur Freiheit‘, umschlägt in Toleranz. Es sind Textstellen, in denen das methodisch konstruierte Kunstwerk ‚aus der Blindheit der reinen, sich selbst genügenden Form‘ ausbricht, wie Alfred Andersch den Vorgang in dem 1956 in seiner Zeitschrift ‚Texte und Zeichen‘ publizierten Essay ‚Die Blindheit des Kunstwerks‘ beschrieben hat.“[49]

———

(4) „Meine Besuche in Schliersee wurden zu existenzialistischen Unterrichtsstunden, Fred dozierte mit Argumenten, die weit über das hinausgingen, was in der Broschüre stand, er sprach oft mit verblüffenden Wendungen und Kenntnissen, die er nicht besitzen konnte. Obwohl ich das wusste, faszinierte es mich. Es war seine Art, sehr schnell etwas anzunehmen und es dann nach einer mehr oder weniger kurzen Periode wieder fallen zu lassen. Wenn ich mich recht erinnere, blieb er dem Existenzialismus nicht lange treu. Später erwähnte er ihn nur noch am Rande. Selbst im Ruf fanden seine neu erworbenen Kenntnisse keinen Niederschlag, auch nicht in seinen Erzählungen, die er später in der ‚Gruppe 47‘ las. Er nahm auch an der dritten Tagung im April 1948 in Jugenheim teil, doch diesmal, ohne zu lesen. Statt dessen beteiligte er sich intensiv an der Kritik, was ihm offensichtlich viel Freude machte, ja, er führte etwas ein, was ich als zu schroff, zu brutal empfand. Wolfdietrich Schnurre las aus einem Roman, und je länger er las, um so mehr veränderte sich das Schweigen um ihn herum, es wurde zur Langeweile und zur Ablehnung. Ich wollte ihn nicht unterbrechen, ich saß neben ihm und hätte ihm ein Zeichen geben können, aber ich tat es nicht. Doch

Alfred Andersch – ein aufmerksamer und kritischer Teilnehmer in der „Gruppe 47“

---

49 Berhard Jendricke: *Alfred Andersch in Selbstzeugnissen und Bilddokumenten*, Reinbek b. Hamburg ³1994, S. 80 f.

dann sah ich Fred, er saß nicht weit von mir entfernt, und er hielt den Daumen nach unten, für alle deutlich sichtbar. Schnell schlossen sich andere an, und nach kurzer Zeit hielten alle die Daumen nach unten, die vor mir saßen. Es war eine klare Verurteilung, es hieß Schluss, abbrechen, sofort abbrechen. Fred hatte es durchgesetzt, und so blieb mir nichts weiter übrig, als Schnurre meine Hand auf den Arm zu legen und ihm zuzuflüstern: ‚Ich glaube, es ist genug', und dann: ‚Guck mal auf; Wolfdietrich'. Er hob den Kopf und sah auf die vielen nach unten gerichteten Daumen. Es war kein erfreulicher Anblick für ihn, man sah es ihm an, aber er nahm es gelassen hin, er klappte sein Manuskript zusammen und sagte: ‚Ja, wenn es so ist, dann höre ich wohl besser auf.' Alle lachten, und er hatte trotzdem gewonnen, in einer Art gewonnen, die man sehr schätzte: das gelassene Hinnehmen der Kritik. Es war keine Niederlage. In diesen ersten Jahren war Fred fast auf jeder Tagung dabei, er las nicht immer, und wenn er las, blieb der große Erfolg aus, er fand Zustimmung, aber keinen Enthusiasmus, vielleicht, weil seine Prosa nicht die Prosa dieser Jahre war, oder auch, weil seine Vorbilder durchschienen. Dann kam er immer seltener, er ließ wichtige, auch für ihn wichtige Tagungen vorübergehen, etwa die Tagung 1952 in Niendorf, an der Ingeborg Bachmann, Ilse Aichinger und Paul Celan teilnahmen. Er fühlte sich hingezogen zur ‚Gruppe 47' und gleichzeitig abgestoßen. Er fand das, was ich da machte, einerseits gut, andererseits aber doch nicht ganz richtig. Jahrelang hielt er mit dieser Kritik zurück, manchmal war er verbittert, meistens, wenn es um ihn selbst ging, aber ebenso oft nahm er auch Anteil wie alle anderen."[50]

---

50 Hans Werner Richter: *Im Etablissement der Schmetterlinge*, München ²1993

5.   Materialien

Mit Auszügen aus Bruno Hillebrands *Romantheorie* soll
das Krisenhafte des modernen Romans verständlich gemacht werden, die Notwendigkeit für seine Autoren,
sich auf das „rücksichtslos Subjektive" zurückzuziehen.

*„Nach dem Zweiten Weltkrieg ist vieles fragwürdig geworden, das
spiegelt sich auch in den Dichtungen. Ende der fünfziger Jahre ruft
Doderer zur Rückeroberung der empirisch fassbaren Außenwelt
auf, und Günter Grass entwirft plötzlich wieder vital und plastisch
eine Schelmenwelt à la Grimmelshausen. Hier und in anderen
Romanen, etwa bei Böll, gibt es noch dasjenige, was im Allgemeinen als Charakteristikum eines vergangenen Romantyps angesehen wird, das Individuum, den Helden, wenn auch in reduzierter
oder skurril modifizierter Form. In letzter Konsequenz sind Becketts
Romane geradezu Lehrbücher der Reduktion, von ,Murphy' bis
,Comment C'est' verkrüppeln zusehends die ,Helden', verlieren ihre
Extremitäten, schrumpfen mit ihrem Aktionsbereich: Die sinntragende
Hauptfigur des alten Romans hat ausgespielt."*[51]

*„Das Individuum, der frühere Held, endet als Rumpf in der Tonne,
so Mahood in ,L'Innomable'. Während uns Beckett keine theoreti-
schen Erklärungen zu diesem Reduktionsprozess liefert, artikuliert
der ,nouveau roman' seine Tendenzen programmatisch. Zwar gibt
es kein gemeinsames Manifest, das Butor, Sarrault und Robbe-
Grillet verbindet, aber der Tod des Helden ist das Fazit ihrer
Poetologie."*[52]

*„Die reine Wiedergabe der Außenwelt ist in dem Maße nicht mehr
möglich, wie das Individuum sich immer mehr in sich selbst zu-
rückzieht, d. h. ,privatisiert'. Die Lage des neuen Romans ist die*

---

51 Bruno Hillebrand: *Theorie des Romans II, Von Hegel bis Handke*, München 1972, S. 193
52 Ebd.

Konsequenz der heutigen Bewusstseinslage. Der Roman kann nicht mehr wie ehemals die Welt als Totalität wiedergeben, das war hegelsch gedacht, er kann nicht mehr aus dem Hirn des Autors entspringen als fertiges Gebilde, er kann es sowenig, wie es heute eine Weltsicht gibt, die fertig ist und sinnerfüllt, wie es Helden oder Menschen gibt, die in diesem Sinngefüge komplex und beherrschend dastehen – der Roman heute kann nur eine Welt darstellen, zu der es keinen Schlüssel gibt. Die Welt habe keinen Sinn hinter sich, sagte schon Nietzsche im Zuge der Proklamation des Perspektivismus. Robbe-Grillet sagt, die Welt sei weder sinnvoll noch absurd; ganz einfach: Sie ist. Der neue Roman zieht aus dieser puren Faktizität die Konsequenz. Die überschaubaren und bewohnbaren Romanstrukturen haben ausgespielt. Der Romancier liefert nicht mehr die fertige Interpretation der Welt: Die alten Mythen der Tiefe haben abgedankt. Bekanntlich ruhte die ganze Romantradition auf diesen Mythen und auf ihnen allein. Nach der Tradition bestand die Rolle des Schriftstellers darin, der Natur nachzuforschen, sich in sie zu vertiefen, um die untersten Schichten zu erreichen und Fragmente und Bruchstücke eines verwirrenden Geheimnisses ans Tageslicht zu bringen. Heute gibt es nur noch die versachlichte Gegenstandswelt und den Literaten, der sie untersucht, ohne zu wissen, was am Ende dieses Suchens steht. Das Suchen ist zum Selbstzweck, der Akt des Schreibens zur einzigen Sinndokumentation geworden. Der Roman als Analyse der objektiven Gegenstandswelt, als Diagnose der Zeit ohne vorgegebenen Sinn, das ist eine ehrliche Haltung. Der Künstler weiß nicht, ob die Wirklichkeit einen Sinn hat. Ob am Ende des Schaffensprozesses die Wirklichkeit des Kunstwerks einen Sinn hat, ist eine andere Frage. Die heutige Krise des Romans rührt daher, dass die pure Wiedergabe von Außenwelt nicht mehr möglich ist, sie würde der Täuschung helfen, die heute der Erkenntnis von Welt ganz allgemein im Wege steht. Das persönliche Erlebnis ist nicht mehr verwertbar und eine universale Darstellung der Welt nicht mehr möglich. Es bleibt nur noch der Rückzug ins ‚rücksichtslos Subjektive', ins ‚eigensinnig Sensible'.

Kennzeichen des modernen Romans sind also: der fehlende Held, die Isolation des Einzelnen, der Verzicht auf den Versuch, die Umwelt einfach wiederzugeben, die Diagnose der Zeit ohne vorgegebene Wertvorstellungen, kurz, die Darstellung einer Welt, zu der es keinen Schlüssel gibt. Dabei geht es Andersch besonders um die Darstellung der politischen Welt. Jedes literarische Werk steht seiner Meinung nach, wie er in dem 1966 erschienenen Exkurs über die ‚Schriftsteller und den Staat' schrieb, in Opposition zu den herrschenden Mächten."[53]

──────

Welche Meinung Alfred Andersch zum modernen Roman hatte, ersieht man u. a. aus seinen Interviews mit Horst Bienek. Der Autor verstand sich als traditioneller Erzähler, dessen künstlerischer Auffassung es nicht entsprach, „zu neuen Aggregatzuständen der Sprache zu kommen."

„Bienek: Was für spezifische Eigenschaften sollte man, nach Ihrer Meinung, als Romancier haben?

Andersch: Die Fähigkeit, Ereignisse und Zustände als sinnliche Gegenstände wahrzunehmen und diese Gegenstände ohne alle symbolische, parabolische oder allegorische Absichten zu zeigen, als das ‚real thing', das sie sind. Interesse an der menschlichen Seele. Leidenschaft zur Komposition eines Stoffes und zur Disposition eines umfangreichen Textes. Geduld.

──────────

53 Ebd., S. 193 f. Vgl. dazu Alfred Andersch: *Die Blindheit des Kunstwerks. Literarische Essays*, Zürich 1979

Bienek: Ich sage Ihnen gewiss nichts Neues mit der Bemerkung, dass viele jüngere Autoren, die Ihre essayistischen Arbeiten, Ihre progressive Zeitschrift ,Texte und Zeichen' kannten, ein wenig enttäuscht waren, dass Sie in ,Sansibar' die Geschichte einer Flucht so brav hintereinander, ohne syntaktische Experimente, erzählen. Immerhin haben Sie da manche stilistische Raffinesse, z. B. dass die Kapitel immer bestimmten handelnden Personen zugeordnet sind. Diese Prinzip ist zwar auch in Ihrem zweiten Roman ,Die Rote' angewandt, aber da schon etwas verwässert, lange nicht mehr so streng und kongruent. Wie stellen Sie sich dazu?

Andersch: Ich kenne viele jüngere Autoren, habe aber von einer Enttäuschung über ,Sansibar' nichts bemerkt. So freue ich mich, wenigstens auf diesem Wege davon zu hören. Das kritische Gespräch zwischen Autoren ist ja in Deutschland wenig ausgebildet. Wenn Sie sagen, ich erzähle in ,Sansibar' eine Geschichte ,brav hintereinander', so muss ich Ihnen offen sagen, dass ich überhaupt nicht verstehe, wovon Sie reden. Ich erzähle in ,Sansibar' eben nicht ,brav hintereinander', sondern in unaufhörlich wechselnder Verschiebung der Perspektiven, bedingt durch das streng durchgehaltene Prinzip der simultanen Figurenführung. Der Eindruck der Einfachheit, den die Geschichte macht, muss also von irgendwo anders herkommen, nicht von ihrem konstruktiven Aufbau. ,Die Rote' hingegen ist ein monologischer Roman, in dem zur beherrschenden Figur nur eine einzige andere Figur simultan geführt wird, quasi kontrapunktisch, als Gegenstimme.

Bienek: Ich meine mehr die Sprache, die ja in gewissem Sinne traditionell ist, also keine Veränderungen, Mutationen aufweist wie etwa bei Bense oder Heißenbüttel, bei Johnson, auch keine Überhöhung der Realität wie etwa bei Genet.

Andersch: Ich glaube, dass die Evolution der Sprache, die sich heute vollzieht, in der eigentlichen Romanform nur mit größter

*Vorsicht und Überlegung angewendet werden kann; ich meine,
wenn man den Roman als Form überhaupt erhalten will. Den
üblichen reaktionären Hochmut gegen die Versuche, zu ganz
neuen Aggregatzuständen der Sprache zu kommen, teile ich
nicht.*"[54]

———

Im Folgenden gehen wir mit Reinhard Baumgart der Frage nach, was der moderne fiktive Roman leistet und wie sein generelles Erscheinungsbild sich definieren lässt:

Die Welt, in der der Roman *Sansibar* spielt, ist zwar –
gewissermaßen im Background – eine historische, im Detail
aber eine angenommene, erfundene, fiktive Welt. Es gibt zwar
Rerik, es gab die NS-Zeit in Deutschland. Andererseits verweist man in der zeitgenössischen Kritik auf die bewusste
Konstruiertheit und Modellhaftigkeit der Dichtung, die man
teils als ethische Parabel, teils als Fabel oder Legende bezeichnet, ja, man erklärt sogar, Andersch habe in dem Roman das
„Dritte Reich" dichterisch bewältigt. Heißenbüttel wiederum
meint, *Sansibar* spiegele das Jahr 1957. Dies beweise die allgemeine Symbolhaftigkeit der Dichtung. Arno Schmidt zieht
sogar Parallelen zwischen der Zeit des Nationalsozialismus
und der bundesrepublikanischen Gegenwart.
Der Grund für all diese zum Teil widersprüchlichen Meinungen liegt darin, dass die Handlung des Romans letztlich fiktiv
ist und sich mit fiktiven Personen abspielt. Was aber leisten
Fiktionen? Reinhard Baumgart schreibt zu dieser Frage:

*„Ich ... möchte ... behaupten: dass der realistische Roman, so wie
er bisher vorzufinden ist, zwar scheinbar Tatsachen mitteilt, aber
es sind doch nur erfundene, dass diese Tatsächlichkeit nur die*

———

54 Alfred Andersch in: Horst Bienek: *Werkstattgespräche mit Schriftstellern*, München 1965, S. 143

Form, genauer: eine Formalität seines Sich-Mitteilens ist, doch das bringt ihn heute in Verlegenheit. Seine Fiktionen, die ihm doch ästhetische Autonomie garantieren, trauen sich längst nicht mehr die Überzeugungskraft zu wie vor hundert Jahren. Die Freiheit des Erfindens, vor allem das, was früher Fabulieren genannt wurde, schrumpft von Jahrzehnt zu Jahrzehnt, oder aber sie wird bodenlos, das heißt fantastisch. Doch von der Erzähltradition, die sich von Poe bis Borges oder von Vulpius bis zum Batman ziehen und sich sicher auch fortsetzen werden, vom fantastischen Erzählen ist hier nicht die Rede. Aussichten des Romans, das sollte von vornherein auch heißen: Aussichten des Realismus.

Zunächst wäre noch weiter zu fragen: Wie frei waren die alten Romanfiktionen? Sicher, ein Roman erfindet das nie so Geschehene, etwas vor ihm Unbekanntes, doch er kann ebenso sicher nicht uferlos und querfeldein erfinden, also eine beliebige Summe erzählender Sätze sein. Frei ist er nicht etwa nur in den Grenzen der Semantik und Grammatik, ihn bindet auch seine Optik, oder, mit einem vertrauteren Begriff: seine Perspektive. Das heißt zunächst nur: Er fertigt immer nur Ausschnitte von Welt an, schon insofern ist er ein Mythos. Selbst sein Stoff ist schon etwas Ausgewähltes und Organisiertes, also nie Rohstoff.

Dass ein Roman überhaupt anfängt und aufhört, zeigt schon, wie rigoros er auswählt und auslässt. Wie Scheinwerferlicht schlägt der erste Satz in vollkommenes Dunkel. Was hätte in unserer Erfahrung vergleichsweise so deutlich Anfang und Ende wie Romane? Nicht einmal eine Geburt geschieht so jäh, ist so ohne Vorgeschichte wie der erste Romansatz. Kein Bewusstsein erwacht so ohne Übergang. Nicht einmal der Tod beendet einen Lebenslauf so endgültig wie der Roman seinen Vortrag, denn nach dem Tod beginnt ein Nachleben, kürzer oder länger, die Legende einer Person, die sie womöglich bedeutender macht, als sie gewesen ist, und ähnlich setzt sich auch ein Roman fort im Nachdenken dessen, der ihn gelesen hat. Sein Ende auf der letzten Seite ist so fiktiv wie er selbst. In allen seinen Teilen, aber erst recht als Ganzes ist der Roman also nur ein Fragment des Geschehens, das er zu erzählen vorgibt. Nicht dieses Geschehen bekommen wir eigentlich zu sehen, nur die Geschichte, den Tausendfüßler aus Sätzen. Der ganze Tausendfüßler, der ganze Roman ist nur eine Abstraktion, ein Begriff. Sehen können wir immer nur einzelne Füße, lesen nur einzelne Sätze, die Ausschnitte aus dem Ausschnitt."[55]

————

‚Entartete Kunst' war das entscheidende Stichwort, mit dem die Nazis alles etikettierten, was ihrer pomphaft-kitschigen Auffassung von Kunst nicht entsprach. Der Maler und Bildhauer Ernst Barlach gehörte zur Gruppe der rigoros verfolgten Künstler nach 1933.

„Die letztlich staatlich organisierte Oppositionsbewegung gegen die Avantgarde des 20. Jahrhunderts ist in ihrem Ziel, sie konzentriert in einer ‚Schandausstellung' zu diffamieren, nur unzureichend erfasst. Der für diesen Bereich unvergleichlich angestrengte Aufwand (16.000 Exponate wurden aus deutschen Museen konfisziert, 5.000 am 20. 3. 1939 auf dem Hof der Berliner Hauptfeuerwache verbrannt, der Rest im Schloss Niederschönhausen deponiert bzw. ins Ausland verkauft) bestätigt auf erschreckende Weise Anderschs Glauben an die soziale Aktivität der Kunst. Möglicherweise ist es gerade ihre Unkalkulierbarkeit als soziale Praxis, die diktatorische Herrschaftseliten frühzeitig (vgl. die Bücherverbrennung ‚schon' im Mai 1933) und immer wieder zu institutionalisierten Repressionen greifen lassen. Die Attacken gegen den Modernismus forcieren das Misstrauen des ‚Normalbürgers' gegen alles

55 Reinhard Baumgart: *Ansichten des Romans oder Hat die Literatur Zukunft?* Berlin-Neuwied 1968, S. 18 – Zu diesem Absatz vgl. auch die zitierten Autoren in Gerd Haffmanns (Hrsg.), *Über Alfred Andersch*, Zürich ²1980

*Fremde. Auf dem Hintergrund der stürmischen Entwicklung der
Literatur, Musik und bildenden Kunst seit 1910 und ihrer Identifi-
kation mit den wirtschaftlichen, sozialen und politischen
Verunsicherungen nach dem Ersten Weltkrieg eignet sich die Ablehnung der künstlerischen Moderne besonders als soziales und
nationales Integrationsinstrument nationalsozialistischer Herrschafts-
sicherung.*

*Nationalsozialistische Kunstpolitik versteht sich als Politik für die
‚völkische Kunst' und als Politik mit der Kunst und somit als
sozialkulturelles und politisches Kontrollmedium, das mythen-
bildend, d. h. gemeinschaftsstiftend und vermeintlich plebiszitär,
seinen staatlich institutionalisierten Beitrag zu nationaler Erhe-
bung und nationalchauvinistischer Expansion leisten soll. Die Verteidigung und Rettung der Kunst ist damit – nach Andersch – auch
immer Verteidigung der Rettung der Freiheit des Menschen und
damit seiner Möglichkeiten, Kunst überhaupt erst herzustellen und
wirksam werden zu lassen."*[56]

---

56 Kurt Sollmann: *Sansibar oder der letzte Grund. (Grundlagen und Gedanken zum Verständnis
    erzählender Literatur)*, Frankfurt a. M. 1994, S. 73

Literatur

Andersch, Alfred: *Sansibar oder der letzte Grund*, Diogenes Verlag, Zürich 1972
(Nach dieser Ausgabe wird zitiert.)

——

Bienek, Horst: *Werkstattgespräche mit Schriftstellern.* München 1965, S. 113–124

Jendricke, Bernhard: *Alfred Andersch in Selbstzeugnissen und Bilddokumenten.* roro bildmonographien 395, Reinbek b. Hamburg [3]1994

Reinhold, Ursula: *Alfred Andersch. Politisches Engagement und literarische Wirksamkeit.* Berlin 1987 (Ost)

Richter, Hans Werner: *Im Etablissement der Schmetterlinge.* Einundzwanzig Portraits aus der Gruppe 47. München [3]1993, darin zu A. A., S. 28–44

Salis, Richard (Hg.): *Motive. Deutsche Autoren zur Frage: Warum schreiben Sie?* Tübingen – Basel 1971, darin A. A., S. 17–23

Schütz, Erhard: *Alfred Andersch.* München 1980

Stephan, Reinhardt: *Alfred Andersch. Eine Biografie.* Zürich 1990

Weber, Werner: *Über Alfred Andersch. Eine Rede zur Verleihung des Nelly-Sachs-Preises an Alfred Andersch am 28. Januar 1968.* Zürich 1968

Wehdeking, Volker C.: *Alfred Andersch.* Stuttgart 1983

——

Burgauner, Christoph: „Zur Romankunst Alfred Anderschs, Nachwort", in: Alfred Andersch, *Bericht – Roman – Erzählungen.* Olten – Freiburg 1965, S. 424

Bühlmann, Alfons: *In der Faszination der Freiheit. Eine Untersuchung zur Struktur der Grundthematik im Werk von Alfred Andersch.* Philolog. Studien und Quellen H. 72, Berlin 1973

Guy, David John: *Die Problematik des Intellektuellen im Werk von Alfred Andersch.* Zürich 1977 (Diss.)

Haffmanns, Gerd (Hg.): *Über Alfred Andersch.* Zürich ²1980

Heidelberger-Leonard, Irene: „Alfred Andersch, Die ästhetische Position als politisches Gewissen. Zu den Wechselbeziehungen zwischen Kunst und Wirklichkeit in den Romanen." In der Reihe: *Literaturhistorische Untersuchungen.* Hrsg. v. Theo Buck, Bd. 4, Frankfurt a. M. – Bern – New York 1986

Pischdovdijan, Hrair: *Menschenbild und Erzähltechnik in Alfred Anderschs Werken.* Dissertation, Zürich 1978

Wittmann, Livia Z.: *Alfred Andersch.* Stuttgart – Berlin – Köln – Mainz 1971

———

Geißler, Rolf: (Hg.): *Möglichkeiten des modernen Romans.* Frankfurt – Berlin – München 1970, S. 215–231

Hamburger, Käte: *Erzählformen des modernen Romans.* In: Der Deutschunterricht, Jg. 11, 1959, H. 4. S., 5/23

Hinderer, Walter: *Alfred Andersch, Sansibar oder der letzte Grund.* In: Interpretationen. Romane des 20. Jahrhunderts. Bd. 2. Stuttgart 1993, S. 59–94

Lämmert, Erberhard: *Bauformen des Erzählens.* Stuttgart 1955

Poppe, Reiner: *Literaturwissen für Schule und Studium. Alfred Andersch.* Stuttgart 1999

Schiller, Dieter: *Stundenblätter: Alfred Andersch, Sansibar.* Eine Einführung in den modernen Roman für Klasse 10. Stuttgart 1979

Sollmann, Kurt: *Alfred Andersch, Sansibar oder der letzte Grund. Grundlagen und Gedanken zum Verständnis erzählender Literatur.* Diesterweg, Frankfurt a. M. 1994

Stanzel, Franz: *Typische Formen des Romans.* Göttingen 1964

Weber, Alfred (Hg.): *Ein Roman in der Hauptschule. Alfred Andersch, Sansibar oder der letzte Grund.* München 1974

———

Arnold, Heinz: *Die westdeutsche Literatur 1945–1990. Ein kritischer Überblick.* München 1995

Baumgart, Reinhard: *Ansichten des Romans oder Hat die Literatur Zukunft?* Frankfurter Vorlesungen. Berlin – Neuwied 1968

Binder, Wolfgang: *Das Bild des Menschen in der modernen deutschen Literatur.* Zürich 1969

Durzak, Manfred (Hg.): *Deutsche Gegenwartsliteratur. Ausgangspositionen und aktuelle Entwicklung.* Stuttgart 1981

Endres, Elisabeth: *Die Literatur der Adenauerzeit.* München 1980

Franke, Hans-Peter u. a.: *Geschichte der deutschen Literatur. Von 1945 bis zur Gegenwart.* Stuttgart 1987

Frenzel, Herbert u. Elisabeth: *Daten deutscher Dichtung, Chronologischer Abriss der deutschen Literaturgeschichte. Band II. Vom Biedermeier bis zur Gegenwart.* München 1976

Reclams Roman Lexikon: *Deutschsprachige erzählende Literatur vom Mittelalter bis zur Gegenwart.* Stuttgart 2000

Schnell, Ralf: *Die Literatur der Bundesrepublik. Autoren, Geschichte, Literaturbetrieb.* Stuttgart 1986

Wagener, Hans (Hg.): *Gegenwartsliteratur und Drittes Reich. Deutsche Autoren in der Auseinandersetzung mit der Vergangenheit.* Stuttgart 1977

———

Biemel, Walter: *Jean-Paul Sartre in Selbstzeugnissen und Bilddokumenten,* Reinbek b. Hamburg 1974 [u. ö.]

Sändig, Brigitte: *Albert Camus in Selbstzeugnissen und Bilddokumenten.* Reinbek b. Hamburg 1995

———

Bremer, Hildegard: *Die Kunstpolitik des Nationalsozialismus.* Reinbek b. Hamburg 1963

Klee, Ernst: *Persilfahrscheine und falsche Pässe. – Wie die Kirchen den Nazis halfen.* Frankfurt a. M. 1991

Schult, Friedrich: *Ernst Barlach. Das plastische Werk.* Hamburg 1960

———

Grewendorf, Günther/Meggle, Georg: *Linguistik und Philosophie.* Frankfurt a. M.1974

Waldmann, Günter: *Produktiver Umgang mit Literatur im Unterricht.* Baltmannsweiler ²1999

———

Sansibar oder der letzte Grund – Verfilmungen:

Sansibar. BRD (Verfilmung für das Fernsehen/ARD/SDR) 1961.
Regie: Rainer Wolffhardt.
Drehbuch: Leopold Ahlsen.

Sansibar oder der letzte Grund. BRD (Verfilmung für das Fernsehen/ARD/WDR) 1987.
Regie: Bernhard Wicki.

———

Materialien aus dem Internet:

http://www.ub.fu-berlin.de/internetquellen/fachinformation/germanistik/autoren/multi_ab/andersch.html
(Die Universitätsbibliothek der FU Berlin bietet eine umfangreiche kommentierte Linkliste zu Leben und Werk, Schulprojekten und Zeitungs- und Rundfunktexten.)

Wie interpretiere ich ...?

■ Der Bestseller !

Die Herausgeber der Buchreihe „Wie interpretiere ich ...?" wollen zur selbstständigen Arbeit mit den im Unterricht behandelten literarischen Gattungen anregen und dazu Hilfestellung geben.

Basiswissen beinhaltet:
- grundlegende Sachinformationen zur Interpretation und Analyse
- Grundlagen zur Erstellung von Interpretationsaufsätzen
- Fragenkatalog mit ausgewählten Beispielen
- Analyseraster

Anleitungen beinhalten:
- Bausteine einer Gedichtinterpretation
- Musterbeispiele
- Selbsterarbeitung anhand praxisorientierter Beispiele

Übungen mit Lösungen beinhalten:
- konkrete, für Klausur und Abitur typische Fragen und Aufgabenstellungen zu unterrichts- und lehrplanbezogenen Texten mit Lösungen
- epochenbezogenes Kompendium

viele Zusatzinfos

regt zum selbstständigen Arbeiten an

mit vielen Beispielen

bewusste Dreiteilung der Bände zum gezielten Lernen

Bernd Matzkowski
Wie interpretiere ich?
Basiswissen
Sek. I/II (AHS)
124 Seiten
Best-Nr. 1417-6 **Euro 10,00 [D]**
10,30 Euro[A] / sFr. 17,60

Bernd Matzkowski
Wie interpretiere ich ein Drama?
Basiswissen
Sek. I/II (AHS)
112 Seiten
Best-Nr. 1419-2 **Euro 10,00 [D]**
10,30 Euro[A] / sFr. 17,60

Bernd Matzkowski
Wie interpretiere ich Novellen und Romane?
Basiswissen
Sek. I/II (AHS)
88 Seiten
Best-Nr. 1414-1 **Euro 10,00 [D]**
10,30 Euro[A] / sFr. 17,60

Bernd Matzkowski
Wie interpretiere ich Kurzge-schichten, Fabeln und Parabeln?
Basiswissen
Sek. I/II (AHS)
92 Seiten, mit Texten
Best-Nr. 1456-7 **Euro 10,00 [D]**
10,30 Euro[A] / sFr. 17,60

Bernd Matzkowski
Wie interpretiere ich Lyrik?
Basiswissen
Sek. I/II (AHS)
112 Seiten, mit Texten
Best-Nr. 1448-6 **Euro 11,70 [D]**
12,10 Euro[A] / sFr. 20,20

Thomas Brand
Wie interpretiere ich Lyrik?
Anleitung
Sek I/II (AHS)
205 Seiten, mit Texten
Best-Nr. 1433-8 **Euro 13,30 [D]**
13,70 Euro[A] / sFr. 23,20

Thomas Möbius **NEU**
Wie interpretiere ich Lyrik?
Übungen mit Lösungen, Band 1
Mittelalter bis Romantik ET 5/2003
mit Texten
Best-Nr. 1460-5 **ca. 11,70 Euro[D]**
12,10 Euro[A] / sFr. 20,20

Thomas Möbius **NEU**
Wie interpretiere ich Lyrik?
Übungen mit Lösungen, Band 2
19. und 20. Jahrhundert ET 5/2003
mit Texten
Best-Nr. 1461-3 **ca. 11,70 Euro[D]**
12,10 Euro[A] / sFr. 20,20

Bange Verlag

kurz & bündig

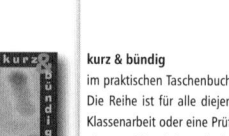
Jeder Band
Euro 5,00[D] / 5,20 Euro[A] / sFr. 9,00

schnelle Infos
auf das Wesentliche
konzentriert
von Lehrern und Schülern
getestet

ABC
der lyrischen, epischen und dramatischen Grundbegriffe

THOMAS MÖBIUS

Bange Verlag